中华先烈人物故事汇

王克勤

军事科学院解放军党史军史研究中心

学习出版社

中华先烈人物故事汇《王克勤》编委会

目 录

Contents

引　子

兵是将之威，将是兵之胆。刘伯承元帅说："蒋介石一个旅也换不来我一个王克勤！"

刘伯承元帅为何如此高度评价王克勤？因为中国人民解放军著名的"三大互助"活动发展成为团结互助运动，是从王克勤开始的。还因为王克勤在1年多的时间里9次立功，由"解放战士"成长为爱兵模范、爱民模范、杀敌英雄、人民功臣，受世人所敬仰和怀念。

王克勤，1920年冬出生于安徽省阜阳县王东店一户佃农家里。19岁那年，王克勤被保长绳捆索绑抓去当了壮丁。在国民党军，他两次逃跑，又两次被抓回。后来，他被抓到并补入国民党军第30军27师79团8连当了二等兵，虽练就了"机枪圣手"，却依然处处受压迫、吃洋罪。

6 年时间里，王克勤在兵败如山倒的国民党军队中，两次当了俘虏。1945 年 10 月，王克勤在邯郸战役中被解放军俘虏后，自愿参加中国人民解放军，编入晋冀鲁豫野战军第 6 纵队 18 旅 52 团 1 营 1 连 1 排机枪班，成了一名“解放战士”。

不一样的军队，不一样的制度，铸就了不一样的人生。王克勤在中国人民解放军队伍中加入了中国共产党，历任班长、副排长、排长等职。解放战争时期，王克勤在 1 年多的时间里，毙、伤敌 232 人，俘敌 14 人，缴获步枪 8 支，9 次立功，被评为“杀敌英雄”“模范共产党员”。

王克勤首创的“三大互助”带兵方法，在全军得到推广。当时，部队成分复杂，如何提高战斗力是全军面临的一个迫切问题。王克勤创立的“三大互助”在实战中显出威力，受到晋冀鲁豫野战军首长的高度重视。晋冀鲁豫野战军普遍开展了以“三大互助”为主要内容的“王克勤运动”。根据王克勤班的经验，整个野战军普遍建立了互助组。1946 年 10 月，在山东巨野县徐庄阻击战中，王克勤带领全班发挥战斗互助作用，与国民党军激战一天，打退敌人数次进攻，歼灭大量敌人，全班无一伤亡，圆满完成任务。战后，全班荣立集体一等功，3人被评为英雄模范。

1946年12月10日，中共中央机关报《解放日报》发表《普遍开展王克勤运动》社论，对王克勤作出高度评价。说他“从一个蒋介石手下的愚昧的奴隶，转而与广大人民相结合，很快变成一员智仁勇全备的人民战士”，称赞王克勤创造的团结互助的带兵方法，“为中国人民解放军创造了新的光荣的范例”，号召全军部队普遍开展“王克勤运动”。

1947年6月30日晚，晋冀鲁豫野战军主力12万人强渡黄河，发起鲁西南战役。7月，在这次战役中，王克勤率领全排奋勇登城，身负重伤后仍坚持指挥战斗，因流血过多，壮烈牺牲，年仅27岁。

王克勤牺牲后，晋冀鲁豫野战军司令员刘伯承和政治委员邓小平联名发出唁电，称“王克勤同志1年来建立了很多战功，树立起战斗与训练、技术与勇敢结合的为我全军所学习的新的进步的范例。我们对于他这种为人民立功不顾一切奋勇杀敌的牺牲精神和高尚品质，表示无限的崇敬。为了永远纪念王克勤同志，决定王克勤所在的排永远保持‘王克勤排’的光荣称号”。

1947 年 7 月 18 日，晋冀鲁豫野战军授予第 6 纵队 18 旅 52 团 1 营 1 连 1 排“王克勤排”荣誉称号，授予第 6 纵队 18 旅 52 团 1 营 1 连 1 排机枪班“王克勤班”荣誉称号。

王克勤从一名俘虏兵成长为爱兵模范、爱民模范、杀敌英雄和人民功臣，时间只有 1 年多，这是怎样的一种力量才能让他发生如此巨大的变化呢？

01 小和尚·壮丁·俘虏兵

“噘嘴和尚”释胜良

皖北阜阳颍上县南边有一座寺庙，寺庙院内绿荫掩映。庙里有个干杂活的小和尚，名叫释胜良。

释胜良，原名王克勤，出生在佃农家庭。

有一天，释胜良挑完水，扫好地，闲来无事，坐在寺庙门前的石条台阶上，想起了自己的身世。

那是 1920 年的冬天，皖北大地异常寒冷，一场大雪似乎比往年来得更早，下得更大。刺骨的寒风夹裹着鹅毛大雪把阜阳颍上县王东店佃农们低矮的泥土房屋埋得不见踪影。佃农们蜷缩在自家的土房里烤着火，期盼着来年有个好年成。唯独赤贫佃农王晓平有些坐立不安，他妻子就要临盆了，去请的接生婆因大雪路滑难走，天黑时还没到来。听到妻子一声声地呻吟，王晓平一会儿走到门外远望，一会儿进屋看看面前饿得面黄肌瘦的 3 个孩子。家里剩余的粮食已不多了，怎么才能熬过这漫长的冬天和明年的春荒呢，现在又要添人加口了，他担心往后的日子更不好过，盘算着他还得像牛马一样拼命地干。妻子在痛苦中煎熬了一夜，直到天快亮时，才生下一个男孩。

小男孩后来知道，是父亲请村里的教书先生给自己取的名字，叫王克勤。

佃农没有自己的田地，靠租种地主的田地过生活，是地位十分低下的人。王晓平祖上几辈人都是佃农，而租种的正是被称作“王三藏”的地主王三堂家的田地。“王三藏”不是唐三藏。唐三藏是西天取经，虔诚善良；而“王三藏”是藏粮、藏斗、藏秤，凶横狡诈。他心狠手辣，绞尽脑汁地盘剥佃农，常以大斗称进，小斗称出，巧取豪夺。佃农们对王三堂恨之入骨。

王晓平一家辛辛苦苦一年打下的粮食，交完租，剩余不多，糊口都困难，要是遇到灾年，只能靠借高利贷续命。然而，高利贷就像套在脖子上的绞索，今年借一斗，明年还三斗，日子越过越难。真是“地主的斗，老虎的口”啊！

穷人的孩子早当家。王克勤从小就懂事，不哭不闹，饿了就找个阴凉的地方睡一觉。到了能走会跑的时候，就跟父母打草、拾柴、喂牛、放羊，为家里做些力所能及的事情。全家人勤劳有加，日子却总是越过越艰难。

王克勤出生之后，家里又添了一弟一妹，日子更加艰难。10 岁那年，父亲为了让正长身体的王克勤能吃上一口饱饭，就托人把他送进了寺庙当和尚。

寺庙住持见王克勤瘦弱，就把他带在身旁干些杂事，有空和师兄们一起挑挑水，扫扫寺庙院落。住持还给王克勤取了法名：释胜良。

释胜良正在回忆自己的身世，大师兄从门口走过，看到心不在焉的释胜良，便把双手伸到释胜良的眼前晃了几晃，才把释胜良从回忆中拉回现实中来。

释胜良抬头问大师兄:“我们当和尚，就是为了吃一口饭吗?”

大师兄始料不及，瞪大眼睛，心想今天释胜良怎么了?半晌，大师兄从嘴里挤出一句话:“你去问师父。”

释胜良好像突然明白了什么，站起来拔腿就往住持室方向跑。

住持正准备出门，见释胜良跑来，便责问道:“胜良，有何急事如此莽撞?”释胜良停下脚步，不解地说:“师父，当和尚就是为了吃上一口饭吗?”

住持茫然立定，看了看释胜良，若有所思地说:“明天，你去寺庙前园抱一块石头，然后拿到菜市场去卖。如果有人问你价格，你不要说话，伸出两根手指头。如果他跟你还价，你不要卖，直接抱回来，就知道了!”

第二天早上，释胜良去前园抱了一块石头，直接去了菜市场。买菜的人看到一个小和尚抱着一块石头来卖，十分好奇。一位妇女提着菜篮子上前问:“你这石头怎么卖啊?”释胜良伸出两根手指比了比。妇女问："2 块钱？"释胜良摇了摇头。妇女说："20 块？！贵是贵了点，模样还可以，我家倒是需要摆块石头！"妇女边说边掏钱时，释胜良的内心很惊讶："一块破石头竟然能卖 20 块，我山上多的是。"

这时，释胜良想起了师父的话，对买石头的人摇了摇头，抱起石头就离开了。他回到寺庙问住持："有人出 20 块钱买这块石头呢，您现在可以告诉我了吧？"住持笑了笑，说："别着急，明天早上，你将这块石头拿到博物馆去卖。如果有人问你价格，你依然伸出两根手指；如果他还价，你便将石头抱回来，我再告诉你。"

于是，释胜良一早便抱着石头到了博物馆。博物馆门口，一群人围着小和尚窃窃私语。突然有个人走过来小声问释胜良："小和尚，你这块石头怎么卖啊？"释胜良没说话，伸出两根手指比了比。那人说："200 块？"释胜良摇了摇头，那人又问："2000 块？行吧！我要了。"释胜良虽然惊讶，但依然遵守住持的嘱咐没有卖。回到寺庙，释胜良匆忙跑去见住持："师父，今天有人出 2000

块钱买这块石头，现在可以告诉我了吗？”住持还是笑了笑，说：“你改天再把这块石头抱去古董店卖，依然跟今天一样别说话，有人问价格就伸出两根手指。晚上回来，师父便告诉你！”

又一天早上，释胜良再次抱着石头去了古董店。没过多久，释胜良惊喜地抱着石头匆匆回到寺庙，气喘吁吁地说：“师父，今天有人出20万买这块石头！”

住持摸了摸释胜良的光头，说：“你就像这块石头一样，摆在菜市场只值20块，摆在博物馆就值2000块，而放在古董店里就值20万！”

后来，住持在讲经的时候把这个故事讲给和尚们听：“当和尚不是为了吃上一口饭，而是为了超度众人，让迷茫的人们清醒地认识东西。”和尚们听后，便给释胜良取了一个绰号，叫“噘嘴和尚”。意思是这个小和尚，噘着嘴，蛮可爱。

释胜良当了3年小和尚，他的父亲被地主打死了，他要还俗为父亲送终。这一年，他才13岁，还俗后的释胜良仍叫原来的名字王克勤。

原来，父亲王晓平被高利贷逼得没有办法，

跑到地主王三堂那里讲理。父亲与王三堂为地租高低争吵不休，凶狠的王三堂让家丁对父亲大打出手。可怜的父亲哪能经得住一帮如狼似虎的家丁毒打。他被家丁打断了一条腿后，拖出门外扔到街上。王晓平一点一点地爬回家，不久就含恨离世。父亲王晓平的过世，对于王克勤一家人来说，真是像天塌了一样。母亲带着还俗的王克勤和他幼小的姐弟没日没夜地种着那 3 亩租来的薄地勉强度日。

三次被抓壮丁

1937 年 7 月 7 日，抗日战争全面爆发，国民党政府为扩大兵源，采取抽丁的办法征招兵役，规定“三丁抽一”“五丁抽二”，独子不抽丁，但要缴纳壮丁款的政策，而且把抽丁任务下达到各级地方政府，完不成任务的地方政府就采取武力抓壮丁来完成。有钱有势的人家为了逃避兵役，就强迫穷人家的子弟去顶替。有的虽被抽上丁了，但也可以用钱赎回。一时间，抽丁、抓丁、赎丁成了各地乡镇保长、甲长们发财的机会，同时成了国民党军队基层军官吃空饷捞钱财的手段。

国民党军第 30 军活动于河南与安徽交界地区。王克勤的家乡阜阳正好是第 30 军补充兵员的主要地区之一。1939 年 7 月的一天，王克勤被抓了壮丁，强行押送到了国民党军队里。王克勤深知，家里是没有钱能够赎回他的，要想离开只有冒着生命危险逃跑这一条路。

抓壮丁与逃壮丁似乎又是贪官们乐见的。国民党军基层部队逃了壮丁，营长、连长报个阵亡名单，还能拿阵亡款，私放口袋。地方保长、甲长也乐见壮丁逃回乡村，因为又有了新壮丁人选。没过几天，机会果然来了，王克勤被老兵派去打水，他挑起水桶走出营地，一看周围没有人，就趁机钻进了旁边的草堆里，一直等到天黑，见周围没有动静，才小心翼翼地爬出草堆，一口气跑回了家。他在家里躲了几天不敢出屋，结果还是被村里的保长知道了，保长叫来人抓住他，又当壮丁送回到了军队。

王克勤这次被送去的不是原来的连队，所以没被长官认出来。他在班里装得很老实很听话，除积极参加训练外，无论长官、班长还是老兵怎么欺负，他都一声不吭，叫他干什么他就干什么，再苦再累也都忍着。他心里只有一个念头，寻找机会逃出国民党的军队。

有一次，他跟随老兵们来到一个村庄，老百姓见国民党的兵来了，都躲了起来，老兵们闯进老百姓家见什么就抢什么。王克勤很看不惯，他不愿抢老百姓的东西。忽然，他看到炕上有几件破衣服，心中一亮，顺便拿在了手里，趁其他人正抢在兴头上时，他躲进了后屋里，脱下军装，换上老百姓的衣服，推开后门跑了出去，然后趁天黑又跑回了家。

这次回家，因不是当地政府抽丁的时期，所以也没人管没人问，王克勤安心地帮家里种地，有时也上街做点小买卖。1941 年 7 月的一天，王克勤去赶集市，突然来了一支国民党的军队，他们看到年轻力壮的人，不问三七二十一，几个兵上来就绑，然后推上汽车。这次他们一共抓了几十个壮丁直接拉到了军营。不巧的是，他来到的军营就是他原先当兵的部队，不几天就被部队里的人认出来了，等待他的是一顿毒打。由于知道他是曾经的逃兵，不仅看得更严了，而且被“远送”到离家较远的第30军27师79团8连。

被抓来的壮丁生活及前景是凄凉的。虽然国民党军队规定每个士兵每天有1斤3两6钱的大米和1份盐，还有足够买1斤猪肉的月饷，但他们只能得到其中的一小部分，大部分都被长官克扣了。这样的后果是国民党军队的士兵大都营养不良。

王克勤生活在国民党军队的最底层，受欺压和打骂是常有的事儿，长官对士兵为所欲为，稍不如意，就拳打脚踢，甚至施用肉刑。王克勤为人老实，逆来顺受，也从不巴结长官，当兵4年还是一个二等兵。

虽然是个二等兵，但他作战勇敢，脑子灵活，能吃苦，在与日本侵略者的作战中，总是冲在前面。他恨透了日本侵略者，每当看到一个个村庄被他们烧毁，妇女儿童还有老人被无辜地杀害，就像看到自己的亲人被糟害一样心痛。他所在的部队有时也与八路军发生摩擦，他总觉得中国人不应该打中国人。

王克勤自从第三次被抓来当兵后，就放弃了逃跑的念头。尤其是看到日本侵略者残酷地杀害了那么多中国人后，他就决定安下心来当兵，狠狠地打击日本侵略者，早日把日本帝国主义赶出中国去。王克勤拿定了一个主意，也明白了一个再简单不过的道理：既然来当兵，就得学一手过硬的军事本领。

王克勤身材比较高大，也肯吃苦，于是，连长就让他扛机枪，当机枪手。机枪是连里最难扛的武器，一挺机枪，能够完成千米以内的火力压制，是战场上重要的武器装备。然而，机枪手的阵亡率也是最高的，所以绝大多数人不愿意当机枪手。

王克勤则不这么想，他认为机枪是连里火力最足的武器，只要把它使用好了，发挥它的最大威力，就能减少伤亡。所以，当连长让他当机枪手时，他非常乐意。

要当好机枪手，首先要过扛机枪这一关。行军打仗，其他武器往肩头一扛就可以开跑，机枪则有两只脚架，必须卡在脖子上，没有几分扛机枪的技术，跑不了几步，脖子上准磨出血来。王克勤为了增强体力，每天早晨比别人起得早，偷偷地先去跑步 5 公里。跑步回来后，连队组织早跑，王克勤又跟着跑步。经过这种刻苦训练，王克勤的体力练得比其他人都强，还在军里武装越野比赛中取得了第 5 名的好成绩。

机枪尽管火力强，但有一个很大的缺陷，连续射击十几分钟后，枪管就会出现过热的现象，这时一定要给枪管冷却。平时，可以用水冷却，但在战场上，没有条件用水冷却，哪怕是有水，也会产生大量的水蒸气，容易暴露目标，成为对方炮兵的靶子，出现枪毁人亡的情况。王克勤常用换枪管的方法来解决枪管过热的问题。他平时最爱摆弄机枪，每个零部件的位置他都烂熟于心。为了提高换枪管的速度，他不停地练习拆卸、组装整个机枪。功夫不负有心人，经过一段时间的苦练，王克勤闭上眼睛在很短的时间内就能完成整个机枪的拆装。机枪成了他最好的伙伴，无论是点射还是连射，他都能百发百中。王克勤成了军里名副其实的“机枪圣手”。

然而，成为“机枪圣手”的王克勤还是一个二等兵。比他晚两年当兵的“新兵蛋子”姜子华都当上排长了。私下里，姜子华向王克勤传授当官之道，说：“老王，你不要死心眼，你是军里的‘机枪圣手’，按道理吧，也应该提你个排长当当，但现在当个排长，得要这个数。”

姜子华边说边用手指比画出一个“6”字形状。其实，这是一个不是什么秘密的秘密，在国民党部队里当官，排长 6 万，连长 12 万，营长 20 万，团长 50 万，师长 100 万，都明码标价，只要出得起这个价码，就当得起相应级别的军官。姜子华对王克勤说：“逢庙就得上供，见寺就得烧香。礼多人不怪，你不能死心眼。”

矮檐之下出头难。对于王克勤来说，不要说家里不能助资 6 万块钱，就是助资 6000 块钱都十分困难！

当不当军官倒是无所谓，更让王克勤气愤的是，他所在的国民党部队不用心打日本侵略者，却把枪口对准抗日前线的新四军。

两次被俘虏

1941 年 1 月，国民党顽固派在皖南有预谋地制造了一起震惊中外的围歼新四军皖南部队的事件，史称皖南事变。

皖南事变是抗战时期国民党顽固派“消极抗日、积极反共”的阴谋大暴露，是第二次反共高潮的顶点。

但国民党军队对部队的欺骗宣传则说皖南事变是“皖南叛变”，说什么因为“国家要‘统一军政’，军队要‘统一军令’，上级命令八路军和新四军全部转移到黄河以北，进行敌后游击。上级给新四军拟订的行动路线他们不走，却要搞他们的‘三山计划’。这一次，新四军北移是假，实行‘三山计划’是真。新四军是要准备向南向西流窜进据黄山、天目山、四明山，他们要以这三山为根据地，发展势力。为‘防范’新四军的‘三山计划’，我们阻止了他们的行动。新四军眼看‘三山计划’不能实现，就发生了‘皖南叛变’。”

王克勤听连长这么一讲，站在反动立场上，对新四军这样干尽管相信不疑，但有点特别不理解：“我们为什么不用心去打日本侵略者，却把枪口对准新四军呢？”

皖南事变发生后，中共中央严厉谴责国民党顽固派的罪恶和阴谋，严正宣布重建新四军军部。1 月 20 日，毛泽东发布中共中央革命军事委员会命令，任命陈毅为新四军代理军长，刘少奇为政治委员，张云逸为副军长，赖传珠为参谋长，邓子恢为政治部主任。

1 月 25 日，重建的新四军军部在江苏盐城成立，部队整编为 7 个师和 1 个独立旅。新改编的新四军第 5 师，在师长兼政治委员李先念，副政治委员陈少敏的带领下，正活动在豫鄂边区白兆山根据地。3 月 23 日，蒋介石密令国民党第 5 战区部队首先歼灭华中地区的新四军。王克勤所在的国民党军第 30 军，在军长池峰城的指挥下，和国民党军第 45、第 68、第 59、第 84 军共计

5 个军 12 个正规师，向白兆山根据地的新四军第 5 师“进剿”合围过来，妄图一举消灭新四军第 5 师。

面对气势汹汹的国民党顽军围攻，李先念起初呼吁国共军队共同抗击日军。因为，此时日军正在进攻浙赣线，武汉周围日军兵力空虚。如果国共军队共同进攻武汉日军，可以牵制日军对浙赣线的进攻。

国民党顽军不但不回音，还做了一件极无耻的事，公然勾结日伪军，要求日军在他们“进剿”新四军第 5 师时“予以谅解”，并保证“决不攻击日军”，让伪军“配合进剿”。

将对将，兵对兵。李先念深知，国民党军第 5 战区最为松散杂乱，尽管指挥作战区域辽阔，包括长江中下游以北、黄泛区以南、津浦路以西的鄂豫皖三省的大部分地区，是最大的一个战区。但他们所辖的军队情况复杂，不仅杂牌军最多，而且有着李宗仁指挥不动的部队，战斗力与装备训练也比较差。

正是国民党军第 5 战区部队的松散杂乱，给新四军第5师做统战工作提供了好机会，争取了不少中间派，那些不积极“反共”的国民党军第68、第30军等部队，基本上或明或暗都与新四军有联系。

有了顽军中的中间派，就大大地孤立了“反共”的顽固派，从而减轻了第5战区5个军12个正规师对新四军第5师“进剿”的压力。

李先念权衡利弊，采取只打主要对象——蒋介石、何应钦的嫡系部队暂编第1师，其他部队放而不打。李先念说：“我们的策略是‘打死阎王，吓死小鬼’。因为，我们第5师只有1.5万兵力，顽军有10万兵力，要打主要敌人。”

王克勤所在的第30军27师已经南下，进入白兆山根据地南区作战，但他们不是新四军第5师的打击对象。

5月1日，国民党军第5战区5个军采取逐步推进战术，向新四军第5师所在的白兆山根据地展开进攻。为阻止顽军进入白兆山根据地的安（陆）应（城）中心区，新四军第5师发起对国民党军暂编第1师的作战。

6月5日，在白兆山前沿阵地的圣场镇，新四军第5师13旅和15旅各一部，向已侵占圣场镇的国民党军暂编第1师发起了进攻。经过激战，全歼该师第2团3营，其余被击溃，收复了圣场镇。占领圣场镇后，新四军第5师命令13旅45团和随南支队，驱赶王克勤所在部队第30军27师。战斗刚一打响，国民党军第79团8连连长便命令王克勤机枪掩护撤退。

王克勤迅速占领有利地形后，回头一看，发现连长和全连官兵早已跑光了，连自己身边的副机枪手都跑掉了。

王克勤见此情景，十分迷茫：该打的日本人不打，不该打的新四军偏去打，打又像不打，不打又天天在打。王克勤不知道上面搞什么名堂，似乎脑子被搞糊涂了。突然，王克勤心头出现了一种被羞辱的感觉，端起机枪对准天空，“嗒嗒嗒”就是一梭子“机枪咆哮”。

在一阵激烈的枪声中，新四军战士迅速向王克勤所在的高地包抄上来，王克勤成了新四军的俘虏。

王克勤曾听长官一再讲，新四军杀俘虏。他连忙跪在地上，举起双手求怜悯："长官，饶命！长官，饶命！"

新四军的一位排长喊道："起来！共产党不兴这一套！什么职务？"

王克勤连忙回答道："二等兵。我——我是机枪手。"

王克勤被五花大绑着，由排长押到连长跟前，报告说："连长，抓到一个俘虏，是个机枪手。"

连长上下打量着俘虏兵，问道："哪个部队的，叫什么名字？"

俘虏兵回答说："第30军27师79团8连的，我叫王克勤。"

排长插话道："别跟他啰唆！枪毙了算了！"

王克勤恐惧地看着排长，心想，长官们讲得不假，新四军果真要杀俘虏。他绝望地低下了头。突然，王克勤抬起头，望着连长连忙祈求道："长官，请饶命！请饶命！我是被抓壮丁来当兵的呀！"

连长笑着说："饶什么命，没说要枪毙你呀，新四军的政策是不杀俘虏。”接着又命令排长“快给他松绑！”连长还亲自上前，帮忙解开王克勤身上的绳索，亲切地问道：“你为什么不逃跑啊？”

王克勤被解开绳子后，不敢相信眼前的事，他用疑惑的眼神看了看连长，又看了看排长。

连长又向排长叮嘱说：“回去的路上，要好好招待，不得怠慢。”

原来连长刚刚接到命令，新四军要严格落实中共中央华中局“扩大交朋友”政策，对顽军的中间派，要作为统战对象。王克勤所在的第 30 军 27 师不是蒋介石的嫡系，属于新四军统战对象。因此，对第 27 师的被俘人员，一般都在教育后释放回去。

王克勤在被俘的时间里，实实在在地吃了几顿饱饭。临走时，连长特意从炊事班拿了两根老黄瓜送给他，说道：“抗战时期生活艰苦，刚买的老黄瓜，你带两根路上解渴！”

王克勤又回到了他原来的部队。连里的士兵们一下围了过来问这问那。王克勤就把他在新四军那里见到的、听到的和感受到的待遇都一五一十地跟兄弟们说了一遍。连长知道后，把王克勤叫去大骂了一顿。

宽待俘虏政策，成了政治上先声夺人的优势。王克勤被俘后，对新四军有了新的认识，之前灌输到他耳朵里的谣言不攻自破。尽管当俘虏时间不长，但接受人民军队教育的时间却提前了，让他这个在国民党军队里受饥挨饿的老兵，切身感受到了人民军队的好处。

日本投降之后，1945 年 10 月 10 日，蒋介石虽然被迫与中共方面签订了“双十协定”，但仍然加紧调兵遣将，借口北上受降，向解放区进攻，企图迅速控制华北等地的战略要地和交通线，从而打通进入东北的通道并抢占东北。

1945 年 10 月 16 日，国民党军沿平汉线大举进犯，先头部队第 30 军、第 40 军、新 8 军在第 11 战区副司令长官马法五的率领下，侵入河北磁县、邯郸地区。

10 月 17 日，毛泽东已结束重庆谈判，回到延安。为应对国民党军沿平汉线北犯，毛泽东以中共中央名义致电晋冀鲁豫中央局：“即将到来的新的平汉战役，是为着反对国民党主要力量的进攻，为着争取和平局面的实现。这个战役的胜负，关系全局极为重大。”希望“由刘邓亲临指挥”，“务望鼓励军民，团结一致，不失时机，以上党战役的精神，争取平汉战役的胜利”。

晋冀鲁豫野战军司令员刘伯承和政治委员邓小平按照毛泽东命令，组织了晋冀鲁豫野战军第1、第2、第3纵队以及太行、冀南、冀鲁豫军区部队，共6万人，并动员10万以上民兵，在邯郸以南、漳河以北地区，分东西两路对国民党军进行了一次具有战略意义的运动战，即平汉战役，又称邯郸战役。给国民党军以沉重的打击。

10月30日，国民党军第11战区副司令长官兼新8军军长高树勋在我军军事打击和政治争取下，深明大义，率部约1万人在马头镇起义，宣布退出内战，站到人民的方面来，主张和平解决政治危机，为实现民主政治奋斗。国民党军其他部队也不敢再战，10月31日黎明，国民党军主力开始向南突围。晋冀鲁豫军区部队奋起围追堵截。

国民党军第30军27师79团8连溃逃到王

庄这个地方，被追击中的太行军区第 1 支队 10 团 1 营围堵。那个买官做的姜子华被击毙，王克勤和副机枪手陈美林等乖乖地成了俘虏。王克勤被俘时，还在花生地里找花生吃。

11 月 2 日，邯郸战役结束。这次战役，除国民党军新 8 军等部起义外，我军共毙伤敌 3000 余人，俘敌第 11 战区副司令长官兼第 40 军军长马法五、副军长刘世荣、参谋长李旭东等高级军官在内共 1.7 万余人，粉碎了国民党军打通平汉铁路的企图，阻滞了国民党军队向华北等解放区的推进，掩护了中国共产党领导的人民军队在东北的战略展开。

02

“解放战士”在战斗中成长

“机枪圣手”的表演

第二次被俘的王克勤，显得很从容，他知道解放军宽待俘虏的政策。这次，除好好吃了一顿饱饭外，解放军还给俘虏两条出路供其选择：愿意回家的发给路费，不愿回家的留下来参加解放军。王克勤毫不犹豫地选择留下来，自愿要求参加解放军。他还动员副机枪手陈美林等人一起留下来。王克勤和陈美林被编入晋冀鲁豫野战军第 6 纵队 18 旅 52 团 1 营 1 连 1 排。

长期在国民党军队最底层受尽欺压的王克勤

变得很世故，也学会了一套自我保护的方法。刚到解放军的连队时，他防范心理很重，与人总保持着一定的距离，待人不冷不热，生活上松松散散，训练中不紧不慢，傲慢劲儿十足。

一天，王克勤生了病，还发着烧。副连长党建庭让他休息，不用参加训练。吃饭时还亲自到伙房给王克勤打病号饭，送到王克勤床前。一连几天，副连长都是这样做的，还叫来卫生员给他看病。几天后，王克勤的病好了，他对陈美林说："解放军的官就会收买人心。今天像亲兄弟，明天上战场，还不是拿匣子枪逼着你去替他卖命！"

陈美林应和道："解放军的官惯用手段就是收买人心。现在我们静观其变。"

王克勤接着说："我们都是老兵油子，多长点心眼。官就是官，兵就是兵，我们不要上当。"

平汉战役之后，被俘虏的国民党兵愿意留下来参加解放军的越来越多，各部队都有一大批"解放战士"。如何带领"解放战士"打仗，成了各级指挥员的"心病"。

第 18 旅旅长肖永银对全旅指挥员说："如何

迅速将俘虏兵转变成为人民解放军战士，是我们各级指挥员当前的首要任务。现在我们一个营，有1000多人，由于作战消耗，老骨干根本不够用，要将俘虏兵尽快转变过来，起到前一仗的‘解放战士’，就能带后一仗‘解放战士’的作用。讲白一点，就是俘虏带俘虏。这需要我们各级指挥员摸索出一套办法来！”

第52团1营营长和教导员召集各连干部开会，研究具体办法。在汇报部队官兵思想时，1连指导员说道：“我们连有个王克勤，在国民党那边当了多年的大头兵，当了‘解放战士’后，情绪一直很低沉，还在背后净跟其他‘解放战士’瞎叨叨。像这种人很难改造。”

营长问道：“他都讲些啥了？”

指导员说：“他说什么国民党有美国人帮助，地盘大，有飞机大炮，解放军几条破步枪，别想打败他们。”

教导员武效贤接过话：“这有什么奇怪的，这些人受反动派的欺骗宣传太深，应该耐心教育，生活上多体贴他们。”

指导员说：“他生了病，副连长党建庭亲自给他打病号饭，可他吃完一抹嘴，背后又向别的‘解放战士’说，‘解放军的官，就会收买人心’。”指导员讲到这里，叹了一口气，又补充说：“当然，这个人成分倒不错，讨过饭，受过苦，机枪打得顶好，别人都叫他‘机枪圣手’！”

“机枪圣手”4个字给教导员武效贤留下了深刻的印象。会后，他来到1连1排住的院子，一进门就看见战士们围着一个大个子，聚精会神地像看马戏团演把戏一样，认真得很。

原来，排里的战士对“机枪圣手”只有听闻，没有亲见。今天排长让王克勤蒙眼做机枪分解结合表演。

武效贤悄悄凑过去，只见那个大个子眼睛上蒙着一条白毛巾，脸高高仰着，两手正摆弄一挺新缴获的机枪。他迅速地将一挺完好的机枪一件件拆下来，摆放在地上的一块白布上，接着又一件件装上去。不一会儿，一地零部件又变成一挺完好的机枪。看他摸每一个小小零部件的动作，简直熟练得没法形容。他重新装配好机枪，一把扯掉蒙在眼睛

上的白毛巾，带着几分得意的笑容说：“你们检查吧，保证不差分毫！”

一个战士接过机枪，拉了拉枪栓，试了几试，向他竖起拇指说：“行！好样的！”

又一个战士说：“不愧是‘机枪老手’！”

“什么老手，人家是‘机枪圣手’！”站在旁边的陈美林纠正着说。

“好一个‘机枪圣手’！”大家抬起头来，这才知道是教导员在称赞。

王克勤听到教导员的赞美，有点局促不安起来，他直挺挺地站在那里，瞅着那挺机枪。

武教导员走上去问王克勤：“你在国民党部队，是使用这种机枪吗？”

王克勤回答说：“什么机枪都使过，就是没使过步枪。现在我使用的是步枪。”王克勤的意思是解放军的武器不如国民党军的。

武教导员对王克勤说：“让你使步枪，是大材小用了。这样吧，我给你们连长说说，这挺机枪就归你使用了。”

王克勤高兴地望着教导员：“是真的吗？你们

能信任我？”

武教导员应允王克勤说：“不过你得明白枪口该对准谁！”

王克勤毫不犹豫地回答说：“我明白，对准‘中央军’！”

武教导员又问：“为什么呢？”

王克勤结结巴巴地说：“因为，因为，因为他们是反动派。”

武教导员让王克勤坐下来，认认真真地打量着王克勤，黑黑的脸膛，威武中透着憨厚。在交谈中，武效贤才了解到，王克勤家里没人了，父亲被地主打断腿后含恨去世，母亲和兄弟姐妹出去讨饭，至今下落不明。

武效贤回到连部，对连长和指导员说：“王克勤出身苦，人挺可爱，虽然他当‘解放战士’出于自愿，但心理上还有惯性作用，对我军也还是不了解。所以，他对前途悲观，性格孤僻，不合群，不轻易相信人，冷眼观察一切。”

连长说：“他机枪打得好，我还是很喜欢他。”

指导员说：“他很少说话，开口就是牢骚话。”

武效贤说："正因如此，我们当前起码要去帮他解开3个疙瘩。一是不服气。国民党军武器装备好，王克勤用的机枪是加拿大造的，根本不卡壳，八路军有什么？几支破三八大盖，军装也破破烂烂，他认为当了俘虏是'不走运'。二是不信任。他认为自己是八路军的俘虏，不会信任他，不会把他当老兵一样、当自己的同志对待。三是不上当。国民党那些当官的经常对士兵说，共军打仗时，长官用枪逼着俘虏兵在前边冲锋挡子弹，他王克勤上的当够多的了，是真是假，他还要看看才知道。"

武效贤接着说："有了不服气、不信任、不上当这些想法，他就抱定只做闷葫芦。当兵半个月了，别人还只知道他叫王克勤，国民党军第30军的'机枪圣手'，给人的印象不好。所以，我们要解开他心中的疙瘩，要让他知道我们这个军队跟国民党军队是不一样的。要让他看到，我们八路军官兵之间亲如兄弟，老百姓拥护，部队走到哪里，都受到人民群众的欢迎。"

连长、指导员异口同声地回答道："我们明白了！"

如何转变"解放战士"，一时成为部队上下都很关注的问题。第6纵队司令员王近山来到18旅52团1营，武效贤向他汇报了“解放战士”王克勤的情况。

王司令员听后说：“这个王克勤啊！本质是憨厚朴实的，他有满腹的苦水倒不出来，满身的劲儿没处使。像这样的人，只要让他懂得为谁当兵，为谁打仗，就会成为一名好战士！我和杜义德政委商量过了，纵队决定近期开展‘诉苦复仇运动’。我看，要把王克勤这样的战士都动员起来，好好树立这个典型。”

开展“诉苦复仇运动”

第6纵队的“诉苦复仇运动”计划分三步走。第一步，进行“谁养活谁”的正面教育。第二步，“倒苦水”，就是“把你受压迫的痛苦诉说出来”。第三步，“挖根”，搞清楚“苦”是从哪里来的？通过这三步走，使部队指战员们明白“为谁革命、为谁当兵”，真正找到以蒋介石为代表的统治阶级的利益集团这个“苦根”，明确团结劳苦大众起来彻底推翻他们，才有解放翻身的出路。

很快，“诉苦复仇运动”在全纵队上下轰轰烈烈地开展了起来。第 52 团 1 营 1 连的“诉苦复仇运动”开始时进行得不是很顺利，那些苦大仇深的战士还没有很好地调动起来，还没有产生心灵上的互动效应。像王克勤这样的“解放战士”还带着疑惑在观望。

一天，教导员武效贤来到 1 连参加“诉苦复仇运动”。指导员对武效贤说：“教导员，我们几次动员王克勤讲一讲，但他怎么也不肯说。”

武效贤说：“不要着急，我去找他谈谈。”

当晚，武效贤来到王克勤的班跟他聊天，问他为什么不讲讲自己受过的苦？王克勤十分敏感地回答说：“我没有苦。”

武效贤耐心地启发说：“据我了解，你的苦很多。你父亲是被地主逼死的，母亲和姐弟讨饭，至今不知下落。在国民党军队中，你挨过打，受过很多苦……明天，你向全连讲讲吧！”

“不，不！”王克勤的头摇得跟拨浪鼓一样：

“丢人，丢人，我，我不讲……”

王克勤不愿意讲，说明他思想上的疙瘩还没完全解开，还没触及他灵魂深处。

第二天，1连的“诉苦大会”在1排住的院子里继续举行。许多人走到台上争吐苦水。一个哭着坐下去，又一个站起来接着说，纷纷控诉国民党反动派、地主、恶霸、保长欺压他们的罪行。有的人母亲被杀害，有的人妻子被奸污，有的人被地主逼得家破人亡……一笔笔血海深仇，一桩桩凄惨经历，使人感同身受，台上台下哭成一片。

起初，王克勤坐在下面东张西望，很不以为然。后来，听到与自己有相似经历的战士诉苦后，触动了他的心灵，渐渐地眼圈也红了。当副连长党建庭诉说父亲被地主逼死、母亲领着自己讨饭时，王克勤已有些按捺不住自己的心绪了。但是，王克勤还是没有登台去诉苦，他在心里对自己说，“别骗我，在国军队伍里，骗人的把戏我看多了……”

连队的“诉苦大会”连续搞了3天，王克勤一直没有上台诉苦。然而，发动起来的“诉苦复仇运动”，让王克勤的内心还是受到了强烈的震撼。他脑海里隐隐约约懂得，过去当兵是为代表地主老财的国民党干，现在当兵是为咱穷人自己干。尽管压在心里的“苦”没有诉说出来，但自己的血海深仇被唤醒了！

正当部队如火如荼地开展“诉苦复仇运动”时，国民党军对晋冀鲁豫军区发起了新一轮的军事进攻。

1946 年 8 月上旬，刘伯承和邓小平下达作战命令，集中第 2、第 3、第 6、第 7 纵队和晋冀鲁豫军区独立旅，选择由公路上进至龙固集东西一线，或洙水河南岸至李家堂、大义集一线，于敌运动中围攻、钳制、割裂而各个歼灭之。具体任务是：以第 2 纵队的第 5、第 6 旅在龙固集一线防御，阻击国民党军第 5 军，其余主力纵队集结待机，准备消灭前出的国民党军。

王克勤所在的第 6 纵队接到命令后，中断“诉苦复仇运动”，拿起枪，扛起炮，投入歼灭国民党军的战斗之中。

第 6 纵队迎战的是美械装备的国民党军整编第 68 师，该师师长刘汝珍。

根据刘邓命令和国民党军的动态，第 6 纵队司令员王近山和政治委员杜义德早已看出了刘汝珍想夺头功的心思，因为刘汝珍让第 119 旅旅长刘广信率部孤军冒进，离主力第 5 军和整编第 11 师有 20 多公里。王近山司令员对杜政委说：“趁机捞一把吧，把刘广信的旅吃掉！”

杜义德政委说：“好。”

第 6 纵队主官统一了思想，下定了作战决心。命令第 16 旅并指挥第 18 旅 52 团出击。

这时，狂妄的刘广信，仍信马由缰地把自己的 3 个步兵团和两个炮兵营调遣到巨野城以南的高魁庄、任庄等地。

这天黄昏，天灰蒙蒙的，刘广信站在高魁庄，眯起眼睛狂笑道：“刘邓哪有大军，只是一些‘土八路’而已，啊哈哈……”

说时迟，那时快，还没等刘广信 3 个“哈”字哈完，第 16 旅和第 18 旅 52 团经濮县跨过黄河，百余里强行军，如神兵天降，顷刻之间就撒下了天罗地网，把刘广信的 8000 余兵马包围在高魁庄、任庄两地之内。

王克勤随部队跑完 100 多里后，虽累得气喘吁吁，但心里暗暗佩服：好家伙，解放军的动作真是快啊！要是在国军那边，根本办不到！

敌第 119 旅旅长刘广信突然间发现自己周边都是“土八路”，知道自己处境危殆，立马致电师长刘汝珍。

刘广信真是一个贪生怕死的家伙，枪炮声还未响起，便向刘汝珍惊呼求援：“今日突围，人存地亡，明日突围，人地双亡。”

哪里还有“明日”可言。是夜，战斗发起。第16旅46团、47团和第18旅52团，先后从东、南方向突入村内。

这一仗，整整打了两天。尽管王克勤在“诉苦复仇运动”中没有上台诉出他心中的“苦”，但也早已因“诉苦复仇运动”而让“苦”在肚里发酵，继而转变成一股力量、一股仇恨。

王克勤所在的第 52 团 1 营 1 连 1 排 1 班突入村中后，守在村东南角的一个险要阵地上。国民党军一个连的兵力开始反击。王克勤所在 1 班坚守的阵地是敌人主要攻击目标之一。国民党军的士兵像羊群一样冲上来，被打下去了，接着又冲上来，又被打下去了。在10多次猛烈冲击下，1班始终稳如泰山。有“机枪圣手”之称的王克勤，把满腔的“苦”装进了武教导员配发给他的那挺机枪里，让机枪诉说着自己的“苦”。

战斗中，1班班长负伤，他连忙指定王克勤临时代理班长职务继续指挥战斗。王克勤迅速调整战术，让全班成立战斗互助小组，密切配合，坚守阵地。经过两天的激战，1班坚守的阵地始终纹丝不动，更为难得的是，王克勤所在的1班，除原班长负伤外，其余9人没一个“挂彩”，而国民党军士兵在1班阵地前横尸遍野。俗话说，合群的喜鹊能擒鹿，齐心的蚂蚁能吃虎。王克勤歼敌最多，还俘敌14人。此次战役后，王克勤被第6纵队评为“一级杀敌英雄”。

在大杨湖战斗中“醒悟”

战事一场紧接一场。杞县、巨野战斗之后，

更大的一场战事——大杨湖的战斗很快就开始了。

为了打好这一仗，王近山想到的第一个人就是第18旅旅长肖永银。他在电话里胸有成竹地说："老肖啊！你和李震来纵队指挥所一下！"

肖永银和第18旅政治委员李震接到电话，知道有重大任务，立即一同策马来到第6纵队指挥所。

肖永银和李震钻进指挥所，看到屋里忙得不可开交，接电话的，询问情况的，标图的……

正旁若无人俯身看地图的司令员王近山听到声音，立马转过身来，简单地传达了刘邓首长有关歼灭敌整3师的命令，简明扼要地讲了这一仗的全局意义，最后说："战场选择在大杨湖。恶战在即，生死一拼。你们18旅打主攻。17旅49团配属给你指挥，把敌人牵到大杨湖实施歼灭。16旅主力在大杨湖以北，看住北边的敌人，并随时做好机动准备，配合你旅打仗。17旅两个团配置在大张集，为纵队预备队。时间紧，不再召开作战会议。此方案是我和杜政委及纵队其他领导商定的。16旅和17旅的命令已下达。因为你们旅是主攻，所以我要当面向你下达作战命令！"

肖永银和李震敬了一个军礼，表示坚决完成任务。随即，策马返回旅指挥所驻地马庄。

1946 年 8 月 22 日子夜，弯月高挂。第 18 旅旅长肖永银笔挺地站在马庄指挥所不远处一个三岔路口的高墩上。他右手高举，五指并拢，指尖对准自己的眉角，双目炯炯有神地看着部队从自己的眼前通过。银灰色的月光，在一张张年轻的脸庞上一晃一晃闪过。肖永银知道，这是一支即将投入大战的部队，他们当中的许多人，或许一去不复返，明天天亮以前，这些年轻的躯体将躺在血泊之中，将告别他们深爱的战友，告别深深眷恋的世界，告别还不曾享受过的人生。肖永银在向他们做最后的一次敬礼！

王克勤跟随队伍从旅长跟前通过，当看到肖永银旅长在向他们敬着礼时，眼中不由自主地涌出了泪水。

王克勤所在连队是当天晚上最后一支通过旅长跟前的队伍。肖永银跳下高墩，问："哪个连队？"

"第 52 团 1 营 1 连。"王克勤听到连长询问后刚毅地回答。

答话间，连长已跑步到了肖永银跟前。肖永银用热切的目光仔细看了看连长。这是一位精悍的小伙子，寸长头发竖立着，显得十分精神。

连长匆匆给旅长敬了个礼，带着全连战士从肖永银的身边通过。肖永银望着连长笑了笑，回敬了个军礼后，目送着这支可爱的队伍向前方开去……

8 月 23 日至 31 日，第 6 纵队 18 旅在兰封东北韩陵、双杨树、程庄、刘花铺、西岗头、西二里、老君营、赵庄等地，按计划节节抗击，进行反复争夺作战，除给国民党军造成杀伤外，还将国民党军整编第 3 师逐步诱至指定地域。

国民党军整编第 3 师师长赵锡田不但浑然不觉，而且很开心。是啊！换了谁都会十分开心！轻而易举地占领了好几个城池，岂有不开心之理？！于是，一封封捷报通过电波向蒋介石飞去。自然，蒋介石的嘉奖令便一封封廉价地飞回来。

赵锡田在电话里，还把这一喜讯告诉了他的上司——郑州“绥靖”公署主任刘峙。刘峙听后提醒说："锡田兄啊！你可别高兴得太早啰！刘伯承和邓小平是不好对付的！"

赵锡田对着话筒，夸下海口："刘主任，你放心。出不了两个星期，我就可以占领整个冀鲁豫，把共军赶回太行山喝凉水！"

刘峙还是不乐观，问："需不需要空军配合一下？"

赵锡田得意地干脆用明语回答："用不着，就凭我现有装备，共军就不堪一击了！"

刘峙吃了一惊，问："你为什么不讲密语？"

"嗨！我是光明正大，公开地干。放心吧，共军没这个玩意儿！"赵锡田自信得过了头。

刘峙听了赵锡田的话，犯了同样的毛病，急于邀功请赏！于是，刘峙临时改变部署："锡田兄，原定整3师和整47师会合进攻定陶的计划改为由你师单独攻菏泽，47师单独攻定陶，这样可以速战速决！"

"好啊！我1个师，共军就吃不消了！"赵锡田愉快地答应了，心想，一块糖果，哪能两个人分呢？！

刘、赵二人怎么也没有想到，如此一来，两个师之间的间隙进一步扩大，给第6纵队帮了大忙。

9月3日，国民党军整编第3师在赵锡田的带领下，进到了王近山预设的战场——大黄集、大杨湖地区。

“是时候了！准备打！”王近山给各旅下达了预先号令。

是夜，大杨湖显得异常安静。一弯新月高高地挂在天空，淡淡的银光照在村庄的四周，山、石壁、白杨树，在银白色的月光下，似乎都含有不可告人的秘密。

突然，一声清脆的枪响划破夜空，大杨湖的宁静霎时被枪炮声打破，大杨湖颤抖了。

战斗一开始，子弹炮弹就像狂涛巨浪一样盖向大杨湖，村庄火光冲天，杀声震地，担任主攻的第18旅旅长肖永银，在部队杀入滚滚浓烟后1个小时，接到第52团团长于振河在电话里的吼叫："旅长，我们占领了几个房子，但敌人反攻得很厉害！"

第18旅就这个齐装满员的52团，仅1个小时的冲锋，就伤亡了400多人。如此代价，换来的却是几间民房，而且立足尚不稳，房子四周布满了国民党军整编第3师的兵力。

肖永银听出了于振河剜心割肉般的声调，知道于振河被对方攻得头皮发麻。肖永银意识到必须帮于振河一把，但远水救不了近火。肖永银只好对着话筒大声喊道："第一，马上拿一个连去攻！"

于振河回喊道："哎呀，攻不动！"

"攻不动也要攻！你不攻它，敌人就不攻你了？第二，你赶快把房子打些枪眼。第三，你把所有的战斗员都收进去打。打败了，军法处置！"

于振河心里明白，旅长喊"军法处置"，并不是吓唬自己，他是真的说到做到！杞县一战，不是说撤职就撤职了吗？不仅如此，于振河还明白，旅长是在破釜沉舟，背水一战。

于振河把部队收进房子，做了最后战斗动员。

王克勤听清楚了于振河团长嘴里吐出来的每一个字："肖旅长讲了，我们旅这一回是要拼老命了，全旅打光了也在所不惜！也就是讲，我们必须打进大杨湖，把围在里面的敌人消灭光！"

一个要冲进去消灭，一个要冲出来逃走。第52团顽强地抵挡着敌整编第3师急浪似的冲击。战斗之激烈，令王克勤没有想到。更令王克勤没有想到的是，冲锋号响起时，连队里的共产党员、干部们像往常一样，带头冲杀在最前面。不少“解放战士”却迟迟不前，王克勤也呆住了。冲在最前面的党员、干部，有的光荣负伤，有的壮烈牺牲，连长和指导员立即又带着第二梯队毫不犹豫地扑了上去。王克勤看到这一切，心里一震，连忙抱起机枪，站起来冲了上去。他尽情地发挥着那挺机枪的最大威力，遇到地形阻碍时，他便站直身子射击，看到敌人逃跑时，他就抱着机枪一面追赶一面扫射，打得敌人哇哇乱叫。

战到次日上午10时许，国民党军整编第3师20旅以坦克开路，向第52团指挥所方向突围。第52团在伤亡惨重的情况下，英勇还击，硬是没让敌人逃出大杨湖。纵队司令员王近山和政治委员杜义德传令，嘉奖第52团。

中午，战事稍稍平静了一些。双方都在为即将开火做准备。第6纵队借着这个空隙，开了一次短暂的党委会。杜义德政委说："战前，因时间紧，没来得及开会研究，我和老王就定了打仗的方案。现在，打成这个样子，需要大家出主意，怎么办？大家说说。"

副司令员兼16旅旅长韦杰直通通地说："攻击部队在组织上有些问题，各波次间隔时间太长，必须全纵拧成一股绳，不能由1个旅打，3个旅都要扑上去。"

纵队参谋长姚继鸣点头道："是啊！越是攻击强敌，越应该不间断地持续突击，不能给敌以喘息的时间。"

王近山瞪眼道："我就不相信4个纵队吃不掉一个整3师，咱3个旅吃不掉人家1个旅！"

杜义德说："对呀！咱3个旅吃1个团，不行先吃2个营行不行？"

韦杰说："看来，优势兵力也要有个优势的用法。光是面儿上兵力集中还不够，得多点连续强攻才行。"

王近山赞同韦杰的观点，点了点头说："有道理。看来必须重新调整部署。"

第6纵队调整部署之后，集中所有火炮向大杨湖猛烈轰击，随后，各部按预定计划发起了总攻。

这次进展比前两天还困难。部队伤亡急剧上升。王克勤所在连队的连长壮烈牺牲。战斗到9月6日6时，18旅占领大杨湖，全歼国民党军整编第3师59团。

这时，郑州“绥靖”公署主任刘峙赶到考城，命令正在考城的整编第47师前进，以解救困在大杨湖的整编第3师部队。但国民党军整编第47师为保存实力，不肯出力援助，行动十分迟缓。没等整编第47师赶到，赵锡田的整编第3师已全部被歼，我军俘敌2500多人，缴获坦克11辆，各种炮200多门。

王克勤在战斗中表现非常出色，他的那挺机枪枪筒都打红了，也没中断射击。战斗结束后，王克勤受到表扬，但他却难过得哭了起来。教导员武效贤知道后，走过来关心地问王克勤发生了什么事。

王克勤说：“我对不起开始冲锋时那些伤亡的

同志们啊！我对不起指导员，对不起连长！”哭了一阵，王克勤又继续说：“我从前在反动派那边，他们说八路军打仗，全让俘虏打头阵。今天，我才看清楚，全是造谣。我看到的是枪一响，班长、排长、连长都领头冲，这样，咱们怎么会打败仗呢？！”

这一天，不爱说话的王克勤和武效贤谈了很多。谈过去，谈现在，也谈将来。最后，王克勤说：“教导员，人心都是肉长的，我要重新做人！”

武效贤知道，王克勤思想上的疙瘩解开了。

解开疙瘩后的王克勤，在部队后续组织的“诉苦复仇运动”中，成了诉苦的主角。王克勤主动走上讲台，把积压在心中20多年的苦水全倒了出来。

王克勤一边诉说一边流淌着眼泪，那是积满在胸中压抑已久的泪水，如今像冲开闸门似的尽情地向外流淌……他不停地掀起衣角擦拭着，军衣湿了一大片，眼睛也红肿了。他哭哭讲讲，讲讲哭哭，一口气讲了两个多小时。

台下的官兵无不被王克勤的诉说所打动，胸

訴苦大會

中的仇恨不断地在燃烧。这时，台下突然响起“向地主阶级讨还血债”的口号，战士们在悲痛中也跟着呐喊起来：“向地主阶级讨还血债！”“打倒国民党反动派”……

王克勤和战友们一起呼喊了一阵口号后，接着又说：“提起地主老财，我恨不能咬他两口。黑心的国民党可把我害苦了，可我，可我还替他们打仗。我是被他们3次抓壮丁才当兵的，在他们那边没过过一天的好日子，受的苦3天3夜也讲不完。我刚解放过来的那会儿，还认为不走运，总是怀疑同志们不是真心待我，我真是糊涂啊！现在我终于明白了，共产党才是我们的大救星，八路军才是真正为穷人的队伍。我王克勤今天才被人看得起，才活得像个人，才看到了光明。我要感谢共产党，感谢八路军，感谢班长，还有牺牲的连长……”提起连长，王克勤又痛哭起来。

武效贤教导员趁大家情绪高涨时，提出在全营继续深入开展“诉苦复仇运动”，进行两军对比，牢记阶级仇恨，发扬不怕牺牲、英勇战斗的精神，争取打更多的胜仗。

自此以后，王克勤像变了一个人似的，爱说爱笑了。驻军的时候抢着干活、学文化，行军的时候机枪不下肩，还帮别人扛背包、背米袋。

有一天，王克勤突然找到武效贤，羞涩地问道：“教导员，像我这样的人，能做共产党员吗？”

武效贤拍了拍王克勤的肩膀说：“只要我们心里想着人民，知道为谁打仗，不怕苦不怕死，都可以成为共产党员。我相信你一定也能成为一名真正的共产党员！”

任班长首战荣立集体功

大杨湖战斗虽然取得了胜利，但也付出了惨重的代价，各连队战斗减员很大，班排骨干严重欠缺。不久，王克勤被提升为班长。从此，他作战更加勇敢，工作更加积极主动。他利用自己的军事技术优势，决心把全班都带成神枪手。

就在王克勤准备实施他的训练计划时，蒋介石准备向冀鲁豫发起新进攻。

原来，不可一世的国民党整编第 3 师全军覆灭后，震惊了国民党军上下，蒋介石对着国防部部长白崇禧一阵痛骂。骂过后又命令道:“把陈诚叫来，把胡宗南、刘峙、刘汝明叫来，立即召集军事会议。”

就在军事会议召开前的几分钟，蒋介石口授命令“撤掉刘峙郑州‘绥靖’公署主任职务，由顾祝同兼任”。

1946 年 9 月 13 日，蒋介石主持召开由参谋总长陈诚、陆军总司令官顾祝同、第 1 战区司令长官胡宗南、第 4“绥靖”区司令官刘汝明等参加的军事会议，重新部署冀鲁豫的进攻计划，由此拉开了被蒋介石称为“龙凤之战”的序幕。

9 月 15 日，国民党军王牌部队第 5 军和整编第 11 师（第 18 军）根据重新部署的作战计划，采取互相策应、齐头并进、稳扎稳打的战术，向鲁西南扑来。同日，毛泽东根据敌情，指示刘伯承和邓小平:“务于 9 月 18 日前休整完毕，激励全军准备再战。”

此时，刘邓大军虽然士气较高，但元气大伤。刘伯承、邓小平向中央军委和毛泽东发了一封长电，报告了他们在大杨湖等作战后，部队兵力和武器装备的实际情况。毛泽东接到电报后，即复电问："你们认为打何部为适宜？我军与5军、11师接触试打如何？"

显然，毛泽东是准备让刘邓与国民党军第5军和整编第11师再打一仗。这一点，刘伯承和邓小平十分清楚。但他们不能打肿脸充胖子啊！

9月20日，刘邓回电中央军委和毛泽东："敌5军、18军（整编第11师）此次前进甚为稳重，搜索面很大，遇我小部阻击，即炮轰很久，然后以一个连、一个营或一个团前进，多为我小部反突击击退。其攻击力弱，其战斗力似尚不及3师之20旅。唯火力很强，不敢肉搏，夜间即停止前进。该两军战斗力可能较强，尚未试探出来。"他们决心："仍按现有态势，争取先消灭5军或18军1个师，但要看敌攻占菏泽后的变化才能确定。"

就在毛泽东和刘伯承、邓小平探讨打第5军还是打整编第11师，或两者都打时，10月3日，国民党军整编第 11 师在我小部队吸引下率先挑头向张凤集发起进攻。

这样一来，刘伯承和邓小平只好下令先打国民党军整编第 11 师。王克勤所在的第 6 纵队接到战斗命令，立即中断“诉苦复仇运动”，拿起枪，扛起炮，投入歼灭国民党军的行列之中。他们与兄弟部队一起，向立足未稳的国民党军整编第 11 师发起了反进攻。5 日，第 6 纵队和第 7 纵队率先从东南方向突入张凤集，将国民党军整编第 11 师的两个团包围在张凤集地区。激烈的战斗进行了 1 天 1 夜，张凤集内的两个团大部被歼灭。

国民党军整编第 11 师集中其余兵力前来救援被包围在张凤集的两个团。此时，王克勤所在的第 52 团由进攻转为防御。他的机枪班奉命守卫在张凤集东南角的一个险要阵地上，阻击前来增援的国民党军。全班只有 7 个兵，其中 4 个还是下到连才 1 个多月的新兵。王克勤立即按照班里结成的互助对子，组织他们挖工事，寻找最佳的射击视角，布置隐蔽机枪阵地。

敌人的攻击开始后，先是飞机轰炸、大炮炮

击，接着士兵在飞机和大炮的掩护下像羊群一样，密密麻麻地涌了上来。

面对数倍于己的敌人，王克勤镇定自若地指挥战士把敌人放到有效射击距离时才打。敌人冲锋时，王克勤指挥几挺机枪吐出一条条火舌扫向敌群，前面的敌人倒下后，后面的见势不妙，转头就往回跑。敌人每次冲锋，都被强大的火力压了回去。

在这次阻击战中，王克勤的机枪班发挥了巨大的作用，与全团一起一连打退了敌人的十几次进攻。

王克勤班的 4 名新战士在他和老战士的带领下越战越勇。原来胆子比较小的新兵白志学，一会儿装子弹，一会儿向冲上来的敌人投手榴弹炸得敌人哇哇乱叫，第一次参战就打死 30 多个敌人。

在这场激烈的战斗中，由于王克勤班较好地发挥了互助、互帮、互带的作用，坚守在最前沿阵地全班无一伤亡，出色地完成了防守任务。战斗结束后，鉴于王克勤和他带领的机枪班在战斗中的突出表现，上级给王克勤班记集体一等功，王克勤本人被评为战斗英雄。

03 “三大互助”和“王克勤运动”

首创互助组

随着全国解放战争向前推进，战局发展很快，部队的成分发生很大变化。战斗班的老骨干相对减少，从解放区入伍的新兵和从国民党军俘虏参加的“解放战士”数量不断增加。在这种情况下，怎样使三部分成分紧密结合起来，迅速形成战斗力，是一个迫切需要解决的问题。

王克勤分析，绝大多数班里战士基本具备这样 3 个特点：老战士一般是党员，觉悟高，是骨干；新入伍的战士热情高，但缺乏军事技术；“解放战士”有一定的军事技术和作战经验，虽然经过教育，但思想不稳定，旧军队的习气较重。

王克勤听连长讲过，这是当前人民军队普遍存在的问题。王克勤还听说，这个问题也困扰着肖永银旅长和李震政委。

王克勤立刻想起解放区农业生产互助组的做法，加上自己刚当“解放战士”时，因为班长受伤，由他代理班长后，在班里成立战斗互助小组，战斗力明显增强的实战成果。他决定在班里继续完善这个做法。

一次，王克勤在班务会上说：“我们在家靠父母，那么参加了革命呢，就得靠互助！”

有战士说：“班长，你说得很对，我们都赞成，但怎么个互助法呢？”

王克勤进一步解释说：“互助，就是体力强的帮助体力弱的，技术熟练的帮助技术不熟练的，有战斗经验的帮助没有战斗经验的。这个做法，我们在战斗中，已经得到很好的检验，是行之有效的。”

于是，王克勤根据班里每个人的情况，又重新组成了新的不同对子，在不同的活动中，形成互帮互助，取得了明显的效果。

王克勤在用“三大互助”方法带兵的过程中，慢慢悟出了一个道理，那就是练兵必先练心。他对战士们说：“中国有句老话，叫作‘在家靠父母，出门靠朋友’。我们现在出来参加革命了，走到一起来了，主要任务是打倒国民党反动派。怎么才能打倒装备先进的国民党军队呢？靠哪一个人肯定是不行的，必须团结起来，共同对付强大的敌人。那么，我们现在就应该是‘在家靠父母，革命靠互助’。我们要亲密团结，互相帮助，取长补短，才能共同进步，才能战胜敌人。”

班里来了许多新战士，还有分下来的“解放战士”，他们刚到班里时都不敢讲话，处处畏首畏尾。为了让他们尽快适应部队生活，大胆地参加训练和作战，王克勤召开班务会让大家介绍家里的情况，说说自己的经历。可是，班务会冷了半天，还是没一个人敢讲话。王克勤笑了笑说道：“怎么都不敢讲啊？那我就先说说自己吧。我是两次被俘虏的人，在国民党那边当过四五年的大头兵。我当国民党兵也不是自愿的，是3次被抓的壮丁，逃跑过两次，最后没敢逃跑，是因为怕他们打死我。”战士们一听，都哈哈笑了起来，气氛一下子活跃了。

王克勤接着说：“当解放军的俘虏没什么可丢人的。我第一次被新四军俘虏时很害怕，怕他们杀了我。可出乎我意料的是新四军待我很好，给我饱饭吃，放我回去时还送给我两根老黄瓜。第二次被俘是去年打平汉线时，战斗刚一打响，国民党的长官们不顾士兵的死活，首先就跑了。我知道又要打败仗了，也满不在乎，八路军冲过来时，我就主动把机枪给缴了。从此以后，我就决定参加解放军。解放军是天底下最好的军队，他们为人民、为百姓，从不拿百姓的一针一线。解放军就像个大家庭一样团结友爱，干部关心战士，战士尊重领导，战友之间比亲兄弟还要亲。”王克勤的现身说法，立刻打消了那些“解放战士”的顾虑。

一位“解放战士”接过话说道：“班长，你的话我信了。在国军那边不知受过多少苦，几次想逃也没逃成。被解放军俘虏后，感到很丢人，怕会被别人瞧不起，所以也一直在想办法逃跑。从现在起，我就不跑了，跟着你好好干，当一名光荣的解放军，多打国民党反动派，争取立功，为家人争光。”

副班长陶武英接着话讲道：“当解放军是光荣的。我家在河北广宗县，家里没人了，是解放军救了我……”他话未讲完，眼泪就流出来了。停了停，他又继续讲道：“我从小跟着父母讨饭过日子，后来俺爹娘都饿死了，日本人把我抓去做苦工，后来在保安队里混了两年。在那里跟日本人当走狗，我一天也不想待，也是几次逃跑没逃成。打临城的时候，我就投靠了八路军。八路军、解放军才真正是人民的队伍，我决心一直干下去，直到打倒国民党反动派。”

王克勤发现新兵白志学开会时不爱说话，平时也总是闷闷不乐。他找白志学谈心，知道他参军时，妈妈舍不得他离家，走的时候妈妈一直在哭。来到部队后，他老是挂念家里，想念妈妈。王克勤了解原因后，先是安慰和鼓励，接着请人给白志学家里写了一封信，把白志学在部队的表现和立功的情况告诉了家里，还找白志学的老乡杜双建帮忙做工作。

俗话说：亲帮亲，邻帮邻，和尚维护出家人。一天，杜双建找到白志学说："王班长和老同志对咱们多好啊，比亲兄弟还亲，看你这没精打采的，这样下去怎么对得起他们，又怎么让家里放心呢？我们出来参军是干革命，打蒋介石国民党反动派，照你这样还能打仗吗？参军的劲头都到哪里去了？咱班长在国民党军队干过，比谁都清楚什么是好，他打仗也有办法，听咱班长的保险没错。"

经过全方位心贴心的帮助，白志学发生了很大的转变，不仅训练积极肯吃苦，还热情帮助他人。

十根指头有长短，每个战士不是生来都觉悟一样高的，对于一时比较落后或犯了错误的战士，王克勤有一套温馨的处理办法来启发战士的觉悟。有一次，一个新战士想家开了小差，走到半路感到对不起班长，又主动回来了。王克勤嘱咐全班："泥人都有一个土性子，都有脸面和个性。他回来了，谁也不准对他说一句讽刺话。"王克勤没有批评，只是耐心地帮助他解决遇到的困难和思想上的顾虑，这名新战士感动地说：“班长，我错了。我实在是想家，一时糊涂开了小差。我一离开部队，越走越觉得不对，想到你和同志们对我的帮助，我真的对不起你。我错了，你批评处分我吧！”

王克勤安慰他说：“别难过了，大家都盼你能回来。你想想，我们不拿枪杆子打倒蒋介石，哪里会有我们的家？你就是回了家，那些地主、保长害人虫能放过你吗？”战士看在眼里，明在心里，感慨地说道：“班长一门心思引导咱们往革命路上走，谁再三心二意就对不起共产党，对不起毛主席。”

王克勤对班里战士都有一个要求，参战前制订一份作战计划。主要内容是：多缴敌人枪支；多捉俘虏，不搜腰包，对俘虏要好好解释；轻伤不下火线，重伤不叫唤；不管敌人炮火如何猛烈，都要掩护步兵冲锋……新战士不会制订，王克勤就让老战士与他们结对互助。

王克勤说：“咱们的战斗互助组，组长要保证不失去联络，大家要听组长的招呼，我要是牺牲了，你们听副班长指挥，副班长要是牺牲了，就叫互助组长指挥，谁挂了彩，要互救互助，不能丢下一个同志。”

一天，王克勤所在的营接到命令，参加阻击敌人的战斗。王克勤心想，平时训练的互助，这次要在实战中去检验了。他马上召开班务会，进行战前动员，说道：“这次战斗，全班组成两个互助组：第一组是赵青年、白志学、杨学保和我，赵青年为组长。第二组是杜双建、卢守坤和副班长陶武英，杜双建为组长。平时结成的互助对子，战时要发挥作用，特别是老同志要帮助新同志，克服各种困难。”

部队连夜出发，天黑得伸手不见五指，又遇瓢泼大雨。王克勤班的互助组发挥了作用。老兵帮新兵，体力好的带体力弱的，一路上，显得轻松活跃。教导员看到王克勤的肩上，除那挺机枪外，又多了两个背包一条干粮袋，劝他道：“王克勤，你们班团结互助的精神很好，可不要把自己累垮了哟！”

王克勤憨笑着说：“教导员，你就放心吧！就是给我一门山炮，我也驮得动！”

大家听了哈哈大笑起来。王克勤却认真地说："要不信，这次战斗你们谁夺一门山炮来，我准驮给你们看看！"

天下着大雨，满地都是泥泞，衣服打湿了，脚下一滑一滑的。战士卢守坤的鞋子陷进泥里找不到，王克勤把自己的鞋子脱下来，给卢守坤穿上。

卢守坤不肯穿，感动地说道："班长，你怎么办呢？"

王克勤笑笑说："我从小习惯了，打赤脚走起路来更得劲儿！"

新战士白志学生了疥疮，连续行军1天1夜他坚持没有掉队，可一到宿营地，他就倒在地上动弹不得，还捂着头哭了起来。有个老战士看不惯，说他是"少爷兵"。王克勤听了，立马把那个老战士叫到一旁问："你刚来的时候，老同志是怎么对待你的？"问得那个老战士脸通红。王克勤带着那个老兵去找连队卫生员给白志学看病。王克勤还替白志学洗疮口、换药。白志学感动地说："班长，你待我比亲兄弟都好啊！"

"咱们革命同志来自五湖四海，都是亲兄弟

呀。在家靠父母，革命靠互助。你生病了还坚持行军不掉队，很了不起呀，我现在帮帮你也是应该的，等我有困难了，你也会一样帮我的，不是吗？”王克勤的几句话，说得白志学既感动又高兴。

王克勤的互助带兵方法，无论是在作战还是在部队建设中，都发挥了巨大的作用，部队的战斗力得到大大提升，很快得到上级领导的高度关注和重视。

“王克勤运动”的掀起

王克勤班在张凤集战斗中的事迹很快在全纵队传开了，尤其是他的“三互助”办法，引起了第6纵队政治部宣教部部长唐平铸和第18旅政治委员李震的关注。此时，战事稍轻松了一些，唐平铸部长便带领工作组和李震政委一起来到第52团蹲点，深入了解王克勤开展互助的做法。

唐平铸部长、李震政委和第52团蒋科政委首先组织熟悉和了解王克勤的人召开座谈会。

1营1连2班班长王运太抢先说：“王克勤当班长时间不久，对战士关心，对家属也很关心。有一回杜双建的哥哥和杜同顺的父亲来看他们，王克勤把自己的钱拿来买烟买豆腐，做好菜招待家属。”

副班长陶武英补充说：“我和王克勤在一个班，他平时最关心大家，见到有人心情不好，他立马问长问短；谁要是生病了，他就拿钱买吃的给送去；还总是帮助体力弱小的战士扛枪背背包。咱班新同志多，睡觉时他总是睡门口，让战士睡里面。”2连4班班长陈美林说：“在国民党军第30军时，我和王克勤同班，过去他的脾气很坏，到八路军后变得很和气。我在4班当班长，经常向王克勤学习请教。”

蒋科政委笑着说：“据我了解，王克勤过去脾气坏，是在国民党反动军队里吃不饱，反动军官又欺负他，有劲儿无处使，有想法无处用所导致的。到了我军，两重天嘛！心情好了，又有施展本领的地方！所以，为提高全班的战斗力，动了很多脑筋，想了很多办法。谁要是思想上有问题，他就去谈心解决；谁要是军事技术跟不上，他就让技术好的去帮助；谁要是身体不好，他就安排人去帮忙。形成了一个你帮我、我帮他的团结友爱的集体。”

李震政委听了后说道：“我看思想互助、技术互助、生活互助，这‘三个互助’的定位是准确的。”

当时部队正贯彻上级关于恢复古田会议决议精神，走群众路线的学习教育活动。第 18 旅政治委员李震和旅长肖永银觉得，王克勤创建的“三个互助”做法正体现了群众在战争实践中的创造性，决定先在全旅推广王克勤的带兵方法，在基层班建立两到三个互助组。

唐平铸部长觉得第 18 旅的做法很好，回到纵队后，立即组织宣传报道。

报纸上一宣传，立即受到纵队政治委员杜义德的关注。杜义德政委指示唐平铸部长把王克勤的事迹作为先进典型进行总结宣传。经过机关同志的努力，最后把王克勤的做法归纳为 3 条：

一是开展思想互助。王克勤像亲兄弟一样关心全班同志，同志们有了思想问题，他总是不厌其烦地进行教育解释和鼓励安慰。班里补充来新战士后，他运用“诉苦复仇运动”的经验，组织全班同志互相介绍经历，以自己所受反动统治的痛苦和到人民军队后进步的过程来启发大家的觉悟。在他的诱导下，老战士讲我军的光荣传统，新战士介绍党的土改政策和土改后农村的新面貌，“解放战士”诉说蒋管区的黑暗统治及在蒋军受压迫的情形。通过这种互相介绍、互相教育，深深激发了大家的阶级感情，提高了全班同志的阶级觉悟，使大家彼此了解，更加团结。

二是组织技术互助。平时，王克勤抓紧时间组织大家练技术、教战术，使后来的新战士在不到1个月的时间内，就可以熟练地使用班里的两挺机枪。在战斗中，他边打边教，使大家能正确地利用地形地物，并根据敌人的攻防特点，及时改变战术。在“干革命靠互助”的号召下，有效地把新参军的翻身农民和“解放战士”亲密结合起来。因此全班同志打起仗来，有勇有谋，信心十足，不仅歼灭了敌人，出色地完成了任务，而且保存了自己。

三是进行生活互助。王克勤向全班同志提出了“在家靠父母，革命靠互助”的口号，教育鼓励大家互相学习，取长补短，彼此帮助。他结合每个同志的特点、觉悟程度、技术水平、作战经验、体质条件，采取领导确定和自愿结合的方法，把全班组成几个互助组，这样三四个人一组，生活上利于互相关照；行军练兵时便于互帮互学；战斗时能互相鼓动和支援，也便于班长组织指挥，显示了很大的优越性。

王克勤开展互助的 3 条经验，很快在晋冀鲁豫野战军机关报《战友报》上刊发出来。接着，《战友报》上连续报道了王克勤的事迹和第 52 团的调查报告。纵队文工团还编演了歌剧《王克勤班》，到部队中巡回宣传演出。这时，第 6 纵队党委作出决定，在全纵队开展“王克勤运动”，并要求每个班均建立起两个至三个互助小组。

第 6 纵队开展“王克勤运动”的消息，很快传到晋冀鲁豫野战军首长那里，副政治委员兼政治部主任张际春对此给予了充分的肯定，刘伯承司令员、邓小平政委得知后，也非常重视，明确指出：王克勤班开展的团结互助活动，是适应战斗需要和部队情况应运而生的一个典型，是广大战士高度的政治觉悟和革命友爱精神相结合的产物，对巩固和提高部队战斗力有着极大的意义。1946 年 11 月，晋冀鲁豫野战军政治部发文，要求所属部队广泛开展“王克勤运动”。

1946 年 12 月 10 日，中共中央机关报《解放日报》发表了题为《普遍开展王克勤运动》的社论。社论介绍了王克勤从一个蒋介石手下的愚昧奴隶，转而与广大人民相结合，很快地成为一名智勇双全的人民战士。社论高度评价了王克勤的“三大互助”在部队建设中的积极作用，并提出各部队应按照自身条件，选择自己的典型，有力地推动“王克勤运动”在全军发展。

王克勤所在的晋冀鲁豫野战军部队更是掀起了向王克勤学习的热潮。各部队纷纷派代表来到第 52 团学习。一天，兄弟团派出的代表来到王克勤班，代表们一边高呼着向王克勤学习的口号，一边把他们写的祝贺信递到王克勤手中，王克勤感动得说不出话来。在随后举行的座谈会上，一位代表激动地说道：“我们班已把王克勤的做法讨论了两三次，按照‘三互助’的办法互帮互学效果很明显，希望王克勤同志多创造新的经验，多帮助大家一起进步。”王克勤谦虚地笑道：“经验是大家创造的，我们互相学习，共同进步吧！”

前线部队利用战斗间隙，把王克勤的“三大互助”落实到行动中，受到普遍欢迎，也成为大家热议的话题。杀敌英雄张四子说：“我过去立了一点儿功，总认为是自己努力的结果。通过学习王克勤的互助后，才认识到靠单枪匹马不顶用，我们只有很好地互助起来，集体的力量才最强大。”

杀敌英雄郑桂堂说：“我们互助组都编好了，大家练兵磨刀很有劲，打仗时请上级一定给我突击任务。”

一位叫王金坤的班长，在“王克勤运动”中这样说道：“没有快刀就吃不到肥肉，没有本领就打不了胜仗。只有像王克勤那样做，才能把全班战士都练成战斗模范！”

在一次经验交流会上，一个互助组长深有感

触地说："互助组练兵是最好的，我们班里 14 个人有 6 人技术不行，如果只靠班长、副班长来教，就简直忙不过来，这次操练都是通过互助组来学习，组长是战士们自己选的，各组比赛，谁也不愿意落后，所以学习很起劲儿。班内有 5 个战士不会瞄准和拆卸枪支，只用半天时间就全部学会了。有 6 个战士不会挖工事，一天就学会了。因为有了互助组，一个礼拜要学的课目 4 天就学得十分熟练。"

王克勤的"三大互助"带兵方法，在当时条件和历史背景下是较好的带兵方法，最大程度提高了部队官兵的凝聚力和战斗力。他就像一把钥匙，打开了通往胜利的大门。

王克勤和他的"三大互助"，解决了解放战争初期俘虏兵多和新兵多所带来的如何领兵打仗的问题。在"王克勤运动"的感召下，全军涌现出许多学习王克勤的战斗英雄和模范人物，对保证解放战争的胜利起到了有力的推动作用。

04 荣誉面前不自满

践行我军宗旨

1946 年年底，国民党徐州“绥靖”公署集中兵力计划重点进攻鲁南，目标是夺取山东解放区首府临沂。为此，刘伯承和邓小平共同商量：应遵照中共中央、中央军委的指示，南下豫皖，收复原解放区的城镇，同时配合华东野战军作战。两人还进行了工作分工，刘伯承指挥第 1、第 2、第 3 纵队为路北作战集团，夺取定陶、单县、曹县等地区；邓小平指挥第 6、第 7 纵队为路南作战集团，解放金乡、柘城和亳县等地。

金乡属于鲁南，柘城属于豫东，亳县（今亳州）属于皖西北。这里是兵家必争之地，历经战乱，老百姓苦不堪言。

王克勤所在的第 6 纵队 18 旅 52 团在邓小平的率领下连夜向金乡、柘城和亳县等地进发。

此前，王克勤听指导员说：“毛主席曾专门为一个烧炭牺牲的战士张思德开过追悼会，写了一篇悼文，叫《为人民服务》。后来在党的七大政治报告中特别提出，‘紧紧地和中国人民站在一起，全心全意地为中国人民服务，就是这个军队的唯一宗旨’。这句话说明，我们这个军队的性质是人民军队，军民关系是鱼水关系。”

指导员的话让王克勤醍醐灌顶。因为他亲眼看到，解放区的人民像欢迎亲人一样欢迎解放军，腾出最好的房子，杀猪宰羊慰问子弟兵。打仗时主动带路，为部队送军粮、做军鞋、抬担架；部队干部战士遵守三大纪律八项注意，不拿群众一针一线，像尊敬父母一样尊敬老百姓。王克勤感受到，这正是解放军无敌于天下的根本之所在！这才是正义之师、仁义之师！这才是我要找的部队呀！

他下定决心做爱民模范，每到一个地方都要教育好每一个战士，尤其是教育好那些解放入伍的战士。王克勤常对“解放战士”说：“旧军队的那些‘穷毛病’，与新军队的新风貌，那是两种性质。过去我们中有的人偷老百姓的东西，对年轻妇女嬉皮笑脸动手动脚，还有赌钱。现在我们军队的战士，住在群众家里时，要全心全意为群众服务，帮助群众挑水、劈柴、打扫卫生，给小朋友讲战斗故事，教唱革命歌曲！”

第6纵队向鲁南金乡进发了，王克勤率领全班战士连夜行军，到达指定位置后，被安排住在一位老大娘家。当晚到村里时已是深夜，王克勤怕惊醒老人，决定在屋外露营。他对战士们说：“山东老乡忌讳当兵的进家，老乡没有弄清我们身份前，暂时不进屋。”

刚放下背包，王克勤见旁边晒谷场上有一小堆地瓜，上面盖的席子被风刮开了，夜空中稀稀拉拉地飘着小细雨，他赶紧带几个老战士去盖严实。

老大娘在睡梦中听到外面有动静，悄悄地起身，到窗户边往外看了好一阵子。

老大娘看在眼里，想在心里，天下竟有这样好的队伍。她赶紧叫醒儿媳妇起来给战士们烧水，然后开门把战士们往屋里拉。边拉边说："孩子们，快进屋，睡在外面咋行啊！"

老大娘生起一堆火，硬要战士们烤烤衣服，喝口热水。王克勤和老大娘拉起了家常。老大娘的儿子半年前被国民党军抓壮丁抓走了，家里只剩下婆媳二人。老大娘很想念儿子，不禁老泪纵横。

王克勤劝慰老大娘说："大娘，咱们有毛主席、共产党的英明领导，国民党反动派很快就会被消灭，老百姓的苦日子快要熬到头啦！"

第二天，部队要出发了，老大娘端出一篮刚煮好的鸡蛋，硬要塞给战士们。王克勤说："大娘，我们不能要，这是部队纪律！"战士们怎么也不肯拿。

老大娘生气地说道："这是大娘的一点心意，不违反你们的纪律，带着行军吃吧！"

王克勤见实在无法谢绝老大娘的心意，便让战士们收下了，他趁老大娘和同志们话别时，悄悄地在老大娘枕头底下放了一块银圆。

老大娘在村边目送着远去的子弟兵。王克勤边走边高声喊："大娘，打了胜仗再来看您老人家！"

1947年1月1日，第6纵队指战员向金乡的国民党军发起了攻击。战至当晚，金乡四关被攻克。王克勤率全班准备冲锋时，突然一发炮弹打中了附近的民房，顿时燃起熊熊大火，大火中传来呼救的声音。战士白志学请示班长王克勤后，迅速冲进火海，背出一位大娘转向安全地带。白志学放下大娘时，借着火光一看，两人都愣住了。

“您不是送鸡蛋给我们的老大娘吗？您怎么到这里来了？”

原来，部队刚走，敌人就进了村庄，老大娘躲避国民党军逃到这里的亲戚家，不想又和战士们相遇了。

炮声不断响起，白志学顾不上多问，说了一声“大娘，回头见！”便向金乡城内冲去。

金乡城守敌是国民党军方先觉的整编第88师一部。1月6日清晨，第6纵队主力开始向金乡城发起攻击，战斗进行了一整天，方先觉见势不妙，趁天黑带着第62旅和第140旅余部弃城逃跑了。当他的先头部队逃到金乡东南的胡子楼时，正中第6纵队一部在此地的埋伏。眼看先头营被歼，方先觉又令各部回撤。

张岚峰指挥的国民党军第 140 旅回窜不成，被隔在了鱼台外围的巩堂村掘壕死守。9 日午后，王克勤所在的第 52 团接到向国民党军第 140 旅进攻的命令，第 52 团从 3 个方向同时向巩堂村的第 140 旅发起进攻。由于敌人构筑了牢固的工事，战局一度陷入僵局。

天渐渐暗了下来，部队停止了进攻，各营召开“诸葛亮会”，研究对策。王克勤在会上说：“攻不上去，那就挖壕沟，逼近敌人再打，和他们拼到底！”

次日清晨，国民党军第 140 旅旅长张岚峰得到报告，说阵地前发现了共军的工事，当即大惊失色。他调来多挺机枪，掩护 1 个营的兵力向着王克勤所在阵地发起反扑，企图从此处打开缺口。

王克勤组织全班沉着应战。一排排子弹扫向冲在前面的敌人，一颗颗手榴弹落在敌群中开花，炸得敌人鬼哭狼嚎，纷纷败下阵去。

战斗持续了两天，张岚峰组织多次突围均未成功，眼看第 140 旅就要弹尽粮绝了，只好乖乖地投降。

金乡县解放后，正赶上过春节。第6纵队司令员王近山和政治委员杜义德商量决定，部队放假一天。

旅长肖永银决定利用放假的时间，到第52团1营1连看望王克勤班的同志们。刚到班里不久，正准备摆弄阵势杀几盘象棋，1连通信员跑来报告，旅部来电话请旅长赶紧回旅部，有紧急情况要商议。

肖旅长回到旅部，李震政委一边把电报递给他，一边说："部队就要行动了，我看还是趁热打铁好，把这几个县城全都解放了。"肖旅长看完电报，有些忧虑地说："刚打完金乡县，部队还没有好好休整，而且补充的俘虏兵又较多，也没来得及做他们的转化工作呢。"

李震政委接过话说："我们有王克勤的'三大互助'这个法宝，要求部队边行军、边作战、边做俘虏的转变工作，这种结合实际的转变方法，相信一定会起到立竿见影的效果。"肖旅长听后，与李震政委相视一笑。

1947年1月24日，第18旅在旅长和政委的带领下，从金乡县出发，一路向柘城方向挺进。部队边行进边广泛开展“三大互助”活动，无论是老战士新战士，还是俘虏兵，都表现出了极高的热情。

当部队来到离柘城不远的村庄时，旅长决定在此休息，听候命令。王克勤班被安排在一座民房里驻扎。当他们走进院子时，只见院里院外到处乱七八糟，也不见房子里的主人。王克勤想：可能是老乡不明白情况，一听说有当兵的要进村，就吓得跑掉了。于是，王克勤带着战士们给老乡家里整院子、打扫卫生，他们把院子里的柴草垒得整整齐齐，把水缸里的水也挑得满满的，连碗盆都洗刷干净，里里外外收拾一新。

晚上，战士们不进屋，就睡在屋檐下。夜里老乡回来“探班”一看，又惊又喜，知道是解放军回来了，连忙去把老乡们都叫了回来。房主人回到家中，看着光亮一新的院子，感慨地拉着王克勤的手说：“还是解放军好！咱老百姓可被国民党兵害苦啦！”

王克勤和老乡拉起了家常，还向他们宣传解放军的政策，说道："我们刚解放了金乡，这次来就是解放柘城的，赶走国民党反动派军队。"老乡听了非常高兴，又说道："现在柘城城里驻的是国民党军第 4 纵队骑兵团，团长叫张映震，他是第 88 师 140 旅旅长张岚峰的叔父。"王克勤不解地问："团长怎么会是旅长的叔父呢？"

老乡说："尽管张岚峰年纪大，张映震年龄小，但从辈分上讲，他们是亲叔父关系哩！"

王克勤知道张岚峰已在金乡战斗中被解放军俘虏了，于是，便把在老乡那里得到的"叔侄"情报报告给了连长，连长向教导员作了汇报，教导员又向李震政委作了报告。就这样，一级一级地报到了晋冀鲁豫野战军政治委员邓小平那里。邓小平立马召见张岚峰，劝他给叔叔写信，动员张映震率部起义。如果要打下去，最终只有自取灭亡。

27 日夜，第 6 纵队和第 7 纵队在邓小平的直接指挥下，包围了柘城县城。王克勤带领全班随第 52 团进入柘城西南角约 8 里的王金门村待命。

邓小平派人带着张岚峰的信进入柘城城内面

见张映震，并要求张映震在 30 日晚上 11 点前打开县城东、南、西 3 座城门，让解放军进城，以求宽大处理。

张映震看了张岚峰的亲笔信，立即通知县长路传芝和城防团团长孟增华前来商议对策。送信的跑到县衙，可怎么也找不到路传芝，孟增华见到张映震，听说了此事，吓得也不敢表态。张映震则在国民党军军统特务连的怂恿下，拒不投降。

30 日晚上 11 点时辰已到，城门毫无动静。邓小平下达命令："开始攻击！"

第 6 纵队和第 7 纵队分别从东、南、西 3 个方向开始攻城。冲锋号一响，王克勤就带领全班冲锋在前。经过两个小时的激战，第 7 纵队率先攻破县城。接着，攻城部队全部打入城内。张映震、孟增华等敌首被擒，我军俘敌 1800 人，缴获大量武器弹药和给养。

打进柘城县城后，部队首长看到当地群众生活饥馑，下令开仓济贫。王克勤带领战士们给老百姓分发粮食。群众顿时沸腾起来，纷纷说："国军抢人，解放军救人！"

在柘城，王克勤班被安排住在一户老百姓家里，一进院子，战士立即放下背包，又是打扫卫生，又是挑水，把房东家的几口大水缸灌得满满的。房东很受感动，忙着给战士们端水喝，还把家里好吃的都拿出来，一定要大家吃。其实，王克勤一直带领战士开展“满缸”活动，部队走到哪里，就把群众工作做到哪里，就把好事做到哪里，把党的温暖送到人民群众中去。“满缸”活动树立了人民子弟兵的爱民形象。柘城战斗结束后，王克勤被晋冀鲁豫野战军领导机关授予“爱民模范”称号。随后，他被提升为第 1 排排长。

亳县之战显威风

1947 年 1 月底，晋冀鲁豫野战军命令王克勤所在第 6 纵队攻打亳县。

亳县守军是国民党军整编第 75 师新编第 16 旅 20 团，另外还有整编第 85 师 1 个新兵营和 1

个县保安团 1300 余人。国民党军新 16 旅 20 团是一支很有战斗经验的部队，在抗日战争中打过许多胜仗。

此时，第 6 纵队司令员王近山到上级开完会，乘车返回途中因下雪路滑导致翻车摔断了腿，正在野战医院住院，政治委员杜义德负责纵队全面工作，对攻打亳县很重视。杜义德决定由第 18 旅主攻亳县城北和城东；第 16、第 17 旅分别助攻城南和城西。

第 18 旅旅长肖永银和政治委员李震受领任务后，连夜组织排长以上干部传达部署。这是王克勤当上排长后，第一次参加由旅首长组织召开的作战会议。

旅长肖永银用他洪亮的声音说道：“为配合华东野战军鲁南作战，趁皖北地区敌人兵力空虚，有利我作战的时机，我纵奉命攻占亳县，我旅担任主攻。我命令：第 54 团担任向城东和东北攻击任务，第 52 团为第二梯队，第 53 团为旅预备队。”

第 54 团团长卢彦山和政治委员李少清同时起立，异口同声地回答：“保证完成任务！”

王克勤回到排里，立即组织全排进行动员，他说：“尽管我们团的任务是第二梯队，但我们要做好担任第一梯队主攻的作战准备，关键时刻，我们要顶得上，拿得下。现在要强化我们的‘三大互助’，让一个人发挥两个人的作用。”

2月1日晚，亳县战斗打响。第54团作为第一梯队率先进攻。进攻不久，亳县东关就被第54团突破了。次日凌晨，天还没亮，第54团的山炮、迫击炮开始向目标试射。驻在城内的国民党军新16旅20团误认为解放军发起了总攻，拼命地向解放军阵地前沿炮击。黑夜的炮弹弹道显得十分清晰可辨。这样，敌人的火力点便暴露在第16旅观察所的“眼睛”里。

肖永银下令：“旅、团炮火群一齐开火。”

国民党军第20团的火力点、炮楼和城防工事顿时灰飞烟灭，城东北角也被打开了缺口。第一梯队攻进亳县后，第二梯队第52团的指战员们按捺不住，团长当机立断，提前发出全团跟进的6颗红色信号弹。刹那间，第52团指战员们如汹涌的波涛，一波又一波地向城墙突破口扑去。王克勤率全排战士也火速登上城墙突破口，向纵深前进。

王克勤带领全排进展十分迅速。班长赵良军在巷战中和排长王克勤失去了联系。赵良军在寻找王克勤的时候，与 5 个国民党兵相遇，赵良军机智地投出一颗手榴弹，随着一声大吼，吓得 5 个国民党兵举手投降。俘虏兵说，“保安团的指挥部在县府”，并愿意带路。

这时，王克勤带领数十名战士冲了过来。他让 5 个俘虏兵当向导，穿过几条小巷，把保安团的指挥部大门封锁了起来。后继部队也扑了上来，把保安团包围得严严实实。

王克勤立即指挥把机枪架在平屋顶上，构成了交叉火力网。然后搭起人梯，带着战士越墙而入。随着机枪的吼叫，王克勤大声喊道：“你们被包围了，快快投降！”

国民党亳县保安团士兵猝不及防，惊慌失措，一个当官的首先举起手说道：“我们投降！别打了，我们投降！”

王克勤从俘虏中打听保安团团长的下落，一个负伤的副营长喃喃地说：“团长、副团长和营长都被贵军打死在城墙上了。”

就在战斗渐渐趋于平静时，突然城西南方向又响起了一阵激烈的枪声。原来是 100 来个敌人伪装投降，加上刚进城的部队控制不严，他们试图越墙逃跑。担任预备队的第 53 团指战员们毫不手软，立即全部予以击毙。逃跑中的亳县县长胡志远伏地不动，才保住了性命，最后被活捉。

亳县战斗胜利结束。

金乡、柘城、亳县解放后，蒋介石坐不住了。2 月 2 日，他从南京飞到徐州，同陈诚、薛岳部署鲁南战事。4 日，蒋介石又从南京飞往郑州，主持召开国民党军高级将领会议，命令将进攻南乐、大名的第 5 军和整编第 85 师调回，增援陇海路。国民党军第 5 军军长邱清泉接到命令，迅速将部队收拢，集结到商丘、民权，准备东调。

刘伯承一看这态势，心中暗暗地叫了一声：“坏了！出手太重了！”

原本刘伯承和邓小平出击豫皖边，意在减轻西北彭德怀、山东陈毅和粟裕的压力，没有想到，国民党军掉头回身。当务之急，是拉住邱清泉的第

5 军和胡链的整编第 11 师，以及整编第 72、第 75 和第 85 师，配合华野鲁南作战。

如何在手上举着棍子的时候，还能让被打怕了的、正在逃跑的孩子乖乖地回来重新受罚？这个难度十分大。君不见，常挨打的孩子见到大人举棍之时，必是逃之夭夭，躲避棍棒之后再说。

刘伯承和邓小平觉得，打仗与打小孩有所不同，现在，必须在尽可能短的时间内，用“攻敌所必救”的战法，把国民党军第 5 军拉回来。

2 月 10 日深夜，刘伯承深知“5 军已过商丘，我们是追不上了”，便调动部队去攻打郑庄砦、长马口、砀山，要求部队边打边撤。

王克勤带领全排战士在第 6 纵队编成内出发，急行军一夜，在丁庄集、小郑庄、段庄一带，与敌人若即若离，边打边退。

这一夜战果甚大。次日，国民党军第 5 军从砀山回头西援。

“攻敌所必救”战术成功。2 月 11 日早晨，刘伯承高兴地命令各纵队撤出战斗。

实现了牵制国民党军第 5 军目标后，第 6 纵队随刘邓率领的其他各部由郓城西北、范县东南的仲固堆北渡黄河，回到冀鲁豫解放区休整。

排长的自我检讨

部队一休整，往往在紧张作战中不易出现的问题就会出现。上级要求部队各班排除加强军事训练外，重点做好战士的思想政治工作，尤其是新入伍的战士，要补好当兵头一课。同时继续开展“王克勤运动”。1 排 3 班全是新入伍不久的战士，王克勤便住到了 3 班。3 班班长入伍时间不算长，但 3 班副王运太是曾经在 3 排代理过副排长的老同志。这样一来，就出现新同志领导老同志的情况了。

王克勤住到 3 班后，考虑到王运太的情绪问题，就向他解释说：“3 班都是邢台一个村的新同志，叫新同志里面的人当班长，这个队伍才好带。其实，调你到 3 班当班副，并不是上级看不起你，实际是给你带领3班的责任。希望你多多帮助班长，把3班工作搞上去！”

王运太点头说好，但心里的坎儿还是没有迈过去，那个小情绪一直在肚子里，没有找到发作的时间点而已。王克勤没有看出来，就没再把这事放在心上，一心去指导新同志的学习、训练和开展“王克勤运动”。王克勤对战士的教育更加耐心，方法也更加灵活，3班的变化很快。恰在这时，2班战士刘正武却开了小差。

这对王克勤来说，是个不小的打击，给他脸上抹了黑。王克勤内心很难过，但没有责怪2班班长，只是让他召集全班开会，查找一下原因。王克勤也参加了班会，他首先说道：“小刘开小差，责任都在我这边，小刘本质上不坏，是我帮助关心他不够。”

3班班长和互助组长听了王克勤的自我检讨，都争着把责任往自己身上揽。王克勤又说道：“你们工作没做好，也是我这个当排长的对你们帮助不够啊，我一定要记住这个教训！”就在大家分析原因时，刘正武回到了部队，他红着脸对王克勤说：“排长，我对不起你……”话没说完，就泣不成声。

原来，刘正武离开部队后，走了一段路，突然感到这样一走，对不起排长平日里像亲兄弟一样待他的恩情，开始有点后悔。于是，一跺脚又跑了回来。

这时，王克勤没有严厉批评他，而是给他拿凳子、端水，安慰他说：“你是个有觉悟的好同志，一时没想通，犯了错误，是我们对你帮助不够，没能使你避免这次错误。回来就好，今后在工作和执行任务中争取立功受奖。”

刘正武开小差，惊动还是很大的，因为这是“爱兵模范”带的排跑的兵，所以连队干部、营里干部很快都知道了。王克勤立即又向连长和指导员报告了情况，并作了深刻的检讨。他说道：“在全纵开展‘王克勤运动’正掀高潮之时，我王克勤带的排却跑了兵，这说明我的工作做得还很不够、很不细致、很不到位。我被眼前的荣誉迷惑了眼睛，只追求表面现象，而忽视了深入细致的思想工作。跑的兵虽自己回来了，但造成的影响很坏。我很痛心，但我决心通过这件事，把互助运动搞得更深入、更扎实。”

连长、指导员同意王克勤的想法，除让刘正武在全排作检讨外，还在全连开展了一次大讨论，查找开展“王克勤运动”中存在的不足，以教育全连官兵。

不久，又一件让王克勤没有想到的事发生了。这天，王克勤被地方请去作报告，他离开连队前，安排排里进行野外瞄准练习，练习的主要方法是老兵教新兵。3 班副班长王运太教新兵段秀林练习。因没有给段秀林发过枪，他对枪还很陌生。王运太把自己的枪让给段秀林练习。段秀林趴在地上练瞄准时，王运太一会儿纠正他这个不对，一会儿又说那个不好，反正看段秀林这也不顺眼，那也不顺心，嘴里还骂骂咧咧。

段秀林开始还忍着，后来越来越烦躁，干脆不练瞄准站起来休息。王运太一看，这还了得，便骂道：“你个新兵蛋子，你想造反？平时排长罩着你，今天看我怎么收拾你。你给我趴下！”

段秀林心里不服软，噘着嘴巴轻声嘀咕道：

“还当过副排长呢，狗屎一个差不多！”

声音虽小，王运太还是听到了，他上去就是一拳，把段秀林打倒在地，还走上前又踢了几脚。3 班的新战士是一个村的人，一看老兵欺负新兵，纷纷围过来，一起围攻指责王运太。

王运太吃了亏，就对老兵们嚷道：“今年的新兵敢打老兵，必须把新兵制服！”有些老兵听了，也附和着说：“新兵造反了不成？”

于是，老兵们集体去打 3 班的新兵。如此一来，王克勤排打起了群架。等王克勤回来，群架已打结束。

王克勤知道后，觉得问题很严重，但一时拿不定主意怎样处理这起打群架事件。于是，他召开排务会，把这个问题严肃地摆了出来，说道：“当我听说这件事后，开始觉得没什么了不起，新兵不听话，老兵教训教训是应该的。但是，这是国民党的军阀作风，这种军阀作风不光在我脑子里存在，在许多同志身上也存在。我们现在是解放军，是人民的军队，人民军队官兵之间是平等的，那么新兵老兵也是平等的，新兵老兵应该亲如兄弟，怎么能任意欺负呢？”

王运太听了王克勤的检讨反思，觉得自己也过分了，在排务会上自觉地作了检讨，向所有新兵道歉。参与群架的老兵也纷纷检讨了自己的行为过失。新兵们则纷纷表示，以后要虚心向老兵学习军事技术！

英模表彰大会上的“明星”

1947 年 3 月 9 日，刚回到冀鲁豫解放区休整不久的第 6 纵队召开第二届英模表彰大会。会场布置得庄严隆重，洋溢着战斗气氛。二门顶上，高挂着一幅彩色巨画：一名威武的解放军战士，端着上了刺刀的步枪，戳入敌人的胸膛。下方写着一排红色大字：“为人民利益而战！”

主席台背景幕布正中，悬挂着毛泽东主席、朱德总司令的巨幅画像，上方写着“英模大会”4 个烫金大字，两侧挂满了红旗和各方赠送的锦旗。

主席台两侧，挂着两条标语：“开展三大互助，加强练兵习武，保卫和平民主！”“尊重政府，爱护人民，团结同志，虚心学习！”

这天天气格外晴朗，风和日丽，参加会议的1万多军民把会场挤得满满当当的。当王克勤等50多位受表彰的英雄模范，胸戴大红花，全副武装地列队从人群中走过时，全场爆发出雷鸣般的掌声，引来无数敬慕的眼光。

冀鲁豫解放区的300多名农会代表，高举写着“人民的救星”的红旗，抬着两头煺了毛的大肥猪，敲锣打鼓地走向会场。

上午9时，大会正式开始。纵队政治委员杜义德主持大会，他威武地站起身来，环视了一下整个会场，然后大声说道：“同志们，在党中央、毛主席和朱总司令的英明领导下，我们纵队在各个战场上取得了伟大胜利，涌现出许许多多的战斗英雄和英雄模范。在这个风和日丽的日子里，我们隆重召开第二届英模表彰大会，就是对我们过去胜利的总结，就是对英雄烈士们英勇战斗、流血牺牲的充分肯定。我代表纵队领导向他们表示祝贺，向他们致敬，同时号召全纵官兵向他们学习！”

杜政委接着说道：“我们6纵的英模表彰大会，受到上级领导的高度重视，晋冀鲁豫野战军首长专门发来了贺电。这是对我们最大的鼓舞和鞭策，我们一定不辜负首长对我们的希望，再接再厉，多打胜仗，打败蒋介石反动派，解放全中国！”杜政委庄严地宣读完贺电后，说道：“下面，请王近山同志代表纵队党委讲话。”

顿时，全场又响起雷鸣般的掌声。

王近山站起来，把话筒移了移：“同志们，我的讲话主题是《准备力量，争取更大的胜利》。”

“盼望已久的群英大会，今天开幕了。这个大会，是总结经验教训的大会，是检阅力量的大会，也是向反动派示威的大会。让敌人在我们面前发抖吧！如果反动派硬是要打内战，硬是要反民主，硬是要向我们进攻，那么，来两个，就消灭他一双……”

王近山极有鼓动性的话，让王克勤和其他与会代表们听得心潮澎湃。王近山继续说道：“……我们取得的战斗胜利和工作成绩，是由于有党中央、毛主席和刘司令员、邓政委的领导，有兄弟部队的帮助，有政府和人民的支援，如果光想到自己，那是百分之百的错误。作为一个革命军人，忠是忠于人民解放事业，孝是孝于劳苦大众，小忠小孝要服从大忠大孝。革命不成功，社会得不到改造，单纯对父母尽忠尽孝是办不到的。王克勤同志是我们纵队的代表。他的‘三大互助’，体现的就是打仗有互助，行军有爱兵，营宿有爱民，了不起啊！……”

这时，全场都把目光投向王克勤，有认识他的，也有那些不认识他的人站起身来寻找他的身影。

王近山接着说：“……今天，是英雄模范们的舞台，这是无上光荣的！今后应当更加检查自己的缺点，才能更加进步。希望你们今天是英雄，是模范，将来还是，永远是英雄和模范。我再次祝贺你们！”

接下来的议程是给英雄们颁发奖章。王近山、杜义德等纵队首长，站立在主席台上，手持奖品和证书，向先后走上主席台领奖的王克勤等 50 多名英模一一颁奖。

在这次大会上，王克勤被纵队授予“杀敌英雄”“三大互助模范”“爱兵模范”和“爱民模范”4项荣誉称号。王克勤头顶4项光环，成了英模大会上最引人注目的英模“明星”。他还作为英模代表上台发了言。

王克勤走上主席台，精神抖擞地先向首长们敬了个军礼，然后转身又向全场与会人员庄重地敬了一个军礼，他含着眼泪激动地说道：“我3次被国民党抓壮丁，两次被解放军俘虏。我在解放军的队伍里，得到各级领导和战友们无微不至的关怀。我只不过做了一点作为人民解放军战士应该做的事情，却得到这么多的荣誉，这些荣誉应该属于大家，属于我们这个团结友爱的战斗集体。”他停了停，又接着说：“听广播上说，这几天，胡宗南进攻延安，我就怒火万丈。我从前当过国民党的兵，现在我已是人民解放军的一员，我完全知道自卫战争是为着全国老百姓，为着自己。现在，我向毛主席、朱总司令和全国老百姓宣誓，以最大努力把我的1排都培养成杀敌英雄，在我们纵队首长和旅

首长的领导下，再打他几个大杨湖、金乡、柘城、亳县这样的歼灭战，保卫延安，保卫党中央，保卫毛主席！”王克勤坚定地表示：“一定听从党中央指挥，坚决消灭蒋介石，解放全中国！”

顿时，全场响起震天动地的口号声：“消灭蒋介石！解放全中国！”

英模大会结束后，一位小学校长一直等候着王克勤，他想请刚获4项荣誉称号的王克勤去给学校的老师和学生们讲几句话。在得到王近山和杜义德的同意后，王克勤随校长一起来到学校。当他一踏进教室的门口，便被一阵热烈而长久的掌声送上讲台。教室里挤满了师生，他们都怀着对英雄的仰慕心情，期待着一睹英雄的风采，聆听他的英雄故事。

王克勤给师生们介绍他组织“三大互助”的动因和部队开展互助活动的情况，讲大杨湖歼灭战，攻破柘城俘虏国民党军叔侄张岚峰和张映震的经过，一个接着一个生动的战斗故事，让台下的师生们听得入了迷。

眼看就要到放学的时间了，王克勤才终止他

的讲话。离开讲台时，师生们仍不满足，一直跟到教室门外，把王克勤团团围住，问长问短，看着这么热情的学生们，王克勤依依不舍地离开学校。

回到连队，王克勤和战士们立马把获得的奖旗挂在寝室内的墙壁上。旗面上“走王克勤方向”几个大字，在红缎的衬托下，闪着夺目的光辉。从此，这间小屋子热闹了起来。本连的，外连的，还有周边群众，你来我往，都跑来一睹英雄风采和那面光辉的奖旗，向王克勤请教互助活动的做法。

尺有所短，寸有所长。在荣誉的光环里，王克勤没有高兴得昏头，更没有自高自大，而是进一步认识到自己的责任。他说：“我还做得很不够，每个人身上都有长处，每个人都有自己的好经验，咱也要虚心向大家学习，才能不断提高。”

有时，王克勤对获得这么多的荣誉感到很不安，他说：“个人立功其实算不了什么，只有帮助大家多立功，集体都立功才是最大的光荣！”于是，他在全排建立起班排“立功账”，排里 5 天评 1 次功，班里 1 天评 1 次功。办法是：先召集组长谈，再向各班讨论，把通过的名单和事实，记在“立功账”上。全排同志都高兴地说：“有点功都给记上，又详细，又民主。”

在此基础上，王克勤又制订了全排互助立功计划，进一步激发了全排战士争优创模范的积极性。不久，在汤阴外围的一次战斗中，王克勤带领全排战士疏散隐蔽在一个工事里担任警戒任务，坚守 8 天 7 夜，个个精神抖擞，没一人叫苦叫累。组长王经书、战士卢斌在离敌人鹿寨十几米处警戒，坚持 3 天不换岗，还独立打退敌人两次反扑。战斗结束后，大家称赞说：“排长的办法就是高，每天看着‘立功账’，唯恐自己落后！”

赞扬声中找不足

为配合部队正在开展的“王克勤运动”，晋冀鲁豫军区文工团和第 6 纵队文工队共同创作了一台歌剧《王克勤班》，深入野战军部队巡回演出。

各部队组织观看歌剧《王克勤班》之后，都分层次召开了座谈会，主要是进行反省，对照王克勤的好作风找差距，制订学习的措施。有个连队的班长在讨论时自我反省说：“我也是被八路军解放过来的，不久上级就让我当上了副班长、班长，上级对我这样关心、这样看重我，但我施行的还是国民党军那一套军阀主义的做法，对同志们的态度很不好。而人家王克勤也是解放过来的，对战士比亲兄弟还亲，我决心学习王克勤的带兵方法，咱们也创造出第二个王克勤班来。”

好多互助组长看了《王克勤班》歌剧后，都以王克勤班的互助小组来检讨自己的互助小组。大家分析了王克勤班互助小组的优势，觉得王克勤的办法好，决定也像王克勤班一样，由战士自己找互助对象，民主选举互助组长。有个班的互助组长说：“王克勤班的互助组搞得真好，人家那互助组长多关心战士呀，咱比人家可差得远呢！我也制订个计划，学习戏上的那个互助组长。”

有一名俘虏兵看了歌剧《王克勤班》后说：“人民解放军真有王克勤这样的人，受到大家尊敬，我感到人民军队友爱互助，遇事都关心帮助，像家人，似父子，如兄弟，班长就是家长，事事都照顾到，不像蒋军各顾各，无依无靠，只靠自己弄几个钱，有病时自己想办法治一治，没办法时有几个盘缠就想开小差回家。”他表示决心像王克勤那样，把人民军队当成家一样依恋，把战友当成兄弟一样敬爱，为革命的胜利献出自己的一切，做一个王克勤似的大英雄。

新战士看了《王克勤班》歌剧后，纷纷表示要向白志学看齐，要把对战争的恐惧从内心彻底消除，成长为一个大无畏的英雄。有一名新战士在班务会上说：“戏里的白志学就和我刚来时一样，这戏演得真好，都摸准新战士的心啦！我在家参军时也是在大会上宣誓：‘不打败蒋介石就不回家。’可是来这里第一个夜行军就把我累垮啦！吃不了这苦，就起了回家思想，后来又想回家不对，蒋介石没有打败，回去太丢人……白志学后来转变了，还争取当了英雄，戴上了红花，我也要努力学习白志学，争取当英雄戴红花。”

王克勤本人看了歌剧《王克勤班》后，觉得

自己与歌剧中的“王克勤”还有差距，还有许多值得改进的地方，便在排里提出打仗住宿“三不进”“四不走”活动。王克勤说：“‘三不进’，就是老乡不开门不进、老乡的东西没有收拾好不进、女人内房不进；‘四不走’，就是不上门板不捆好铺草不走、不扫地不满缸不走、东西不归还不走、不擦敌人的反动标语不走。”

为进一步推动“王克勤运动”，晋冀鲁豫《人民日报》刊发了由李直作词、铁民作曲的歌曲《展开王克勤运动》。歌中唱道：

为了粉碎蒋介石的进攻，
普遍展开王克勤运动。
新战士，老战士，
大家团结像弟兄。
一面学习一面研究，
互助进步不放松。
人人作模范，
个个当英雄。
铁一样的坚，钢一样的硬，

人民军队光荣好传统。
多流汗，少流血，
提高技术和本领。
技术熟练作战勇敢，
理论实际要贯通。
人人是英雄，
个个来立功！

王克勤成了英模，军队内外许多单位请王克勤去作报告，许多人写信要王克勤介绍经验，报纸上天天有王克勤班排的消息，广播里不断有王克勤班排的新闻，每到一地群众都要去看王克勤，学生们为能见到王克勤，听他说上一句话都自豪荣幸好几天。

随着荣誉的增多，嫉妒王克勤的人也开始陆续出现，这使王克勤感到苦恼。王克勤连队里也有人不怎么服气，尤其是解放区参军的同志，认为自己是最优秀的青年，是戴着光荣花由人民群众敲锣打鼓送到部队来的。而王克勤算什么，只不过是一名俘虏兵改造过来的，过去在国民党军队那边还扛枪打我们呢！他们有些想不通。

连队有位副排长当着王克勤的面讽刺说："你是方向，你是旗帜，你迈哪条腿，我迈哪条腿，你走到哪里，我跟到哪里。"他们还向王克勤挑战，向王克勤班挑战，向王克勤排挑战，带着明显的嫉妒情绪。

面对这些嫉妒情绪，王克勤知道自己必须解决好两个问题：一是正确认识荣誉，不要把成绩都记在自己的账上；二是不能把荣誉当成包袱，力戒骄傲，继续前进。王克勤深明大义地说："别人对我不服气，说明我工作还有缺陷，贡献还不大，还配不上'英雄'这个称号！"

有一次，连队从山东莘县出发向豫北汲县开进。出发前，2 排和 3 排又向王克勤的 1 排挑战，要比比哪个排组织得好。行军都是在夜间进行，头两天，全连 3 个排都很活跃，2 排、3 排尤为突出，大有压倒王克勤排之势。3 天后，走到一处废黄河边时，2 排和 3 排士气不那么高了。当晚夜行军时，又刮起了八九级的大风，天黑得伸手不见五指，风沙吹得人睁不开眼睛，2 排和 3 排跌跌撞撞往前走。而王克勤找来绳子让排里战士抓着走，并不停地进行思想鼓动，组织体力互助。第二天到达宿营地时，2 排和 3 排的战士显得疲倦不堪，而且掉队的人也不少。王克勤排战士仍像出发时那样，战士们个个情绪饱满，没有一个人掉队。自此，2 排和 3 排的干部战士打心眼里佩服王克勤了。

连队干部通过这次不是比武的比武，及时引导教育，终于让大家看到了王克勤的长处，嫉妒情绪自动消除了，“王克勤运动”在王克勤所在连更加扎实地展开了。

王克勤则没有因为这一次“比武”赢了，就觉得自己更了不起了，而是结合自己过去在国民党部队当兵时看到的装备好、人又多，但还老打败仗的现象，又结合自己如今在人民军队里看到的新补入的战士，经过一段时间的有效训练，就能在战斗中当英雄的案例。他经过反复思考和亲历几次重大战役的比较，更加清楚地认识到解放军之所以胜利，那是因为一是战略战术思想正确，领导指挥英明，不计较一城一地的得失，而在于歼敌有生力量，每战集中优势兵力打歼灭战，仗仗打得机动灵活；二是干部战士作战勇敢，自觉自愿打仗，甚至不怕牺牲，不像国民党军，用枪逼着士兵打仗；三是解放军纪律严明，干部身先士卒，士兵服从命令听从指挥；四是各兄弟部队密切协同，相互支援，情同手足，不像国民党军只顾保存实力，见死不救；五是根据地人民全力支援，每次作战群众组成运输队、担架队，送粮送弹抬伤员。这些是国民党军无法比的，而打胜仗全是这些因素起作用。联系到个人，王克勤常说："我虽然有军事技术和作战经验，但是，如果没有党的教育使我成为一个觉悟的战士，如果没有一个班、一个排战士们的齐心协力，如果没有班排同志的自觉行动，我技术再好，经验再多，也发挥不了啥作用。我固然起到了一些作用，但也绝对不是我一个人能完成的，是集体的功劳。"

王克勤不贪功，他把自己所得的荣誉，完全归功于党和人民，归功于上级领导，归功于班排同志的共同努力和兄弟班排的支援。当他参加英模大会回来后，把得到的奖品和政府与人民给的慰问品，全部都交给了集体和组织，自己不留半点。

永不满足自己已有的，虚心学习别人的，在不断进步中前进，成为王克勤当英模后的努力方向。当年的新闻报刊也这样评价王克勤："王克勤不满足于已取得的成绩，虚心向别人学习，总是不断进步，不断创新，直面牺牲。"

05 为人民再立新功

汤阴城风火急

1947 年 3 月 19 日，王克勤组织全排战士在 1 班召开思想互助会。大家坐在“走王克勤方向”这面奖旗下，王克勤主持互助会：“咱们讨论讨论吧，为什么要保卫延安，保卫党中央、保卫毛主席？大家思想要闹不通，就打不好这一仗。”

战士王金书道：“要我说，保卫延安党中央，保卫毛主席，就是保卫自己。蒋介石进攻延安，这是临死以前蹬一下！”

战士李修说：“没有共产党，没有毛主席，咱家就翻不了身，得不到果实。所以我要保卫共产党，保卫毛主席。在保卫毛主席的时候，我一定要立功，因为我是王克勤排的战士，不能给排长丢人。”

战士何宗儒从身上掏出一封信，展开后说：“我念念我爹的信，你们看我思想通不通。我爹在信中讲，‘咱家翻身啦，一口人三亩半地，再不愁吃喝哪，你在队伍上只许前进，不许后退。咱的好时光是共产党毛主席给咱的’。所以啊我觉得不努力保卫共产党，保卫毛主席，就对不起我爹。”

“解放战士”曹有龙抹着眼泪站起来说：“我是在鱼台战斗中被解放过来的，今天开大会，我看见很多老百姓上台讲话，这是蒋介石军队那里从来没有的，我看见《血泪仇》里边演的蒋介石军队抓壮丁就跟当年抓我一样，俺娘也是跪在地上拉着我，被他们一脚踢倒的。我要保卫毛主席，保卫党中央。我是穷人，要翻身报仇！”

王克勤见大家都讲得很透彻，趁机动员说：“胡宗南进攻延安，刘司令员和邓政委下达了进攻豫北的命令。这一次，我们有 4 个纵队和 3 个独立旅编为 4 个集团，针对敌人防御特点和弱点，集中优势兵力，进攻汲县等地。我们的目的是牵引和吸引敌人，减轻延安那边的压力，保卫延安党中央，保卫毛主席。大家有没有信心呢？”

大家异口同声地说：“有！”

“那好。大家散会后，抓紧做好一切出发准备，明天听令开拔。”

次日一早，王克勤率1排随纵队向汲县奔袭。汲县，又名卫辉府，与彰德（今安阳）、怀庆（今沁阳）旧称豫北三府。部队刚出发不久，一场特大沙尘暴遮天蔽日地扑面而来。

豫北一带的土质多为沙土。由于久旱，沙土地上都干结起了一层粉尘，无风的时候，一抬脚就是一朵烟团，一迈步就会扬起沙尘。如今第6纵队一走入黄沙地带，西北风咆哮着掀起漫天的风沙，旋起一窝窝黄乎乎的大旋涡。王克勤指挥大家解下绑腿，把头包起来，只露眼睛在外面。

在漫天的风沙中强行军，几乎喘不过气来，只要一张口呼吸，就会吸进满嘴的沙子。

风越来越大，战士们只能侧着身子半蹲着腰行进。走着走着天就黑了，连脚下的路都看不清楚。王克勤就让战士们手拉着手，力气大的帮扶

身体弱的，老兵帮新兵，凸显了团结互助的巨大威力。

由于行军速度极慢，整整走了 10 天才到达汲县。此时，汲县城内敌情突变。原来守城的国民党军第 32 师参谋长王启明是中共地下党员，在第 6 纵队出发前，他已做好了里应外合的部署。但在 3 天前，中共地下党员、国民党军第 32 师 423 团团长刘英宗突然叛变，向师长供出了参谋长的计划。第 32 师师长立即推翻了参谋长王启明的部署，对汲县城内的兵力重新进行了调整，并做好了对付第 6 纵队进攻的准备。

当部队达到汲县城外时，迟迟不见预定的联络信号。第 6 纵队政治委员杜义德当机立断，果断作出了部队从南关向汲县发起攻击的命令。

攻打汲县的战斗刚刚打响，刘伯承和邓小平发来急电，命令第 6 纵队立即挥师北上，围攻豫北重镇汤阴。杜政委只好下令停止进攻，连夜急行军赶到汤阴。

驻守汤阴城的是位“出名”的人物，他叫孙殿英。孙殿英的“出名”，既非文才超群，也非武功盖世，而是因为他的惊世之举——掘了西太后慈禧的陵墓并把大量稀世珍宝据为己有，从而恶名远扬，人称“东陵大盗”。如今，孙殿英为国民党军暂编第 3 纵队司令，驻守在豫北重镇汤阴城内。城内有两个师的兵力，番号为暂编第 3 纵队第 7 师和第 8 师。

“东陵大盗”孙殿英多年踞此经营，已修建起了宽 3 米，深六七米的护城河。旱季时，在河底埋了大量的地雷。除此之外，城外设有据点多处，并在日寇投降前构筑的防御体系的基础上，又有了新的发展，共布置了 5 道防线，守卫着他的老巢。

第 6 纵队在刘伯承和邓小平的“攻其必援，歼其援兵”的作战方针指导下，对汤阴城进行攻击。

1947 年 4 月 5 日晚上，攻打汤阴城的战斗正式打响。第 6 纵队 16 旅、17 旅、18 旅加上第 3 纵队独立 1 旅共 4 个旅，同时从 4 个方向对汤阴城发起进攻。战斗打响后，王克勤排在第 18 旅编成内绕过孙殿英的据点，一举攻占了东关外围。

当晚，王克勤率领全排奉命防守河堤阵地。

次日拂晓，敌人在猛烈的炮火和飞机的掩护下，向河堤疯狂反扑。王克勤指挥全排死死顶住，一直坚持到上午 9 时许，汤阴东关被王克勤所在部队第 52 团彻底攻破后，河堤上的敌人才退去。这时，王克勤清点人数，全排轻重伤 6 人，牺牲 2 人。

第 18 旅攻打东关打得还比较顺手，而第 16 旅和第 17 旅等兄弟部队攻打的南关、西关、北关，却久攻不下。这时，纵队政治委员杜义德改变了打法，暂放弃攻打南关、西关和北关，先攻取张庄，然后把张庄作为攻城依托。

4 月 15 日黄昏，第 16 旅一举攻下张庄。第 17 旅也在当夜占领了北关，扫清了从汤阴东北方向经张庄至北关的外围据点。

张庄一丢失，汤阴城的东北方向顿时城门洞开，整个城东防御体系直接暴露在第 6 纵队攻击部队的正面。孙殿英顿时慌了手脚，赶忙致电蒋介石求援，惊呼："张庄失守，汤阴难保。"

蒋介石接到电报时，正在气头上。因为就在头一天，西北野战部队在羊马河全歼胡宗南部第 135 旅 4700 余人的电报还在案头，这会儿，孙殿英又来了求救电。无可奈何的蒋介石，只好亲自致电整编第 26 军军长王仲廉："北援汤阴！"

王仲廉在河南新乡军部接到蒋介石亲自打来的电话，感到十分荣幸。若是平时，这是不可想象的事情。一个最高统帅能亲自打电话给一个军长吗？王仲廉头一正，胸一挺，在电话里连连表示："好的，请委座放心！我马上命令沁阳、济源和孟县的 3 个整编师，火速增援汤阴。"

围点打援，历来是解放军的拿手好戏。刘伯承和邓小平获悉王仲廉率部北援，马上命令攻打汤阴的第 6 纵队出手轻一些，再轻一些，同时命令第 1、第 2、第 3 纵队准备打援。

如此一来，王克勤率全排就在汤阴外围的河堤上担任警戒任务，守了 8 天 8 夜。8 天时间的警戒任务，王克勤几乎整夜不睡，一直在岗哨上监视敌人。在王克勤的影响下，互助组长王经艺、战士卢山，在距敌鹿寨 10 余米处警戒 3 天，不让别人换，还单独打退敌人的两次反扑。全排每夜都和敌人接火，但都毫无损伤。大家说："排长就是办法高！"

在担任警戒任务时，王克勤给全排战士读了

前方战报，还给杀敌英雄焦五保写了信。这封信被晋冀鲁豫《人民日报》以记者报道的形式在当月就发表了出来。新闻报道是这样说的：

本报记者柯岗报道：此间著名杀敌英雄王克勤在豫北前线汤阴城下，向全排战士朗读太岳人民解放军连克五城的胜利新闻后，当即致函杀敌英雄焦五保，叩询杀敌经验。该函原文内称：新华社晋冀鲁豫总分社请转太岳人民解放军杀敌英雄焦五保同志：当我们正在豫北胜利作战的时候，看到了你们连克五城的消息，你们在保卫毛主席的战斗中已经立了大功，我们全排同志向你们致敬，希望你把自己和大家的杀敌经验，多多告诉我们，让我们在保卫毛主席的作战中歼灭更多的敌人，争取全面反攻的早日到来。

王仲廉接到蒋介石电话的第二天，便亲自率领整编第66师、整编第32师两个旅、整编第41师1个旅和第2快速纵队（第49旅）从新乡北上，于4月18日到达汤阴以南的宜沟至屯子一线。

是夜，刘伯承和邓小平下令出击，将王仲廉的整编第66师和第2快速纵队包围分割在卫河、淇河之间的河套地带。由于这里土质松软，敌人无法构筑坚固工事，很快就被解放军围歼，俘虏国民党军第2快速纵队司令李守正等纵队长以下5000多人。

4月19日晨，解放军打援部队攻占了西白寺，歼灭了国民党军整编第41师1个旅，又很快拿下国民党军整编第66师。

至此，围点打援结束。

王仲廉所部经此打击，便缩回新乡再也不敢轻易出动了。此时，汤阴又成了被围困的孤城。

刘伯承和邓小平再次电令第6纵队，可以拿下汤阴城了。

4月21日，王克勤所在部队第6纵队再次攻打汤阴。第18旅以两个团为纵队总预备队，第52团佯攻东关，第17旅迅速占领北关。22日，第3纵队8旅奉命赶到协同作战，顺利拿下西关。

这样一来，汤阴城四关全部落到了第6纵队手上，杜义德下令各旅分别建立进攻出发阵地，并将交通沟和地道直掘城下。

王克勤率全排从河堤赶往东关，一边奋力挖掘地道，一边动员大家：“第一，我们不违反战场纪律，作战有勇有谋，做到消灭敌人，保全自己。第二，不违反群众纪律，不拿老乡一针一线，要记住咱们是为了解放人民，不能损害人民一点利益。”

汤阴城里的孙殿英一见这阵势，自知该城难保，又连忙发了一封加急电报，向南京的蒋介石乞援。

蒋介石自知再给王仲廉打电话，他也不敢北援汤阴。既然起不到什么作用，电话就不打了，干脆利落地给孙殿英回封电报摊牌：“望兄以当年守亳县的精神顽强坚守！”

孙殿英接到此电，跳将起来掷电稿而大骂：“身为大总统，一肚子鸡零狗碎，党国岂有不败之理？”

孙殿英的副司令刘月亭从地上捡起电稿，一看，也哭笑不得。原来，蒋介石提起的旧事，指的是当年蒋冯阎中原大战时，蒋军进攻西北军坚守的皖北亳县，守亳县的孙殿英寸步不让，孤军坚守数日，蒋军进攻终未克。此时，蒋介石重提旧事，不无讥讽之意，自然惹得孙殿英恼羞成怒。

不过，蒋介石还是给孙殿英空投了一些武器装备和物资。有一天，敌机扔下来的弹药包落在了东关的城墙根边。王克勤从掩体里首先飞跑出去，想把弹药包抢回来。班长李体秀和战士曹云章紧跟着也跑了出去，城头上敌人的机枪响成一片。王克勤、李体秀和曹云章不顾危险，冲上前去抓住降落伞的带子就往回拉着跑。经过一番折腾，王克勤他们扛回了 3 箱子弹和一箱炮弹。

5 月 1 日傍晚，第 6 纵队总攻开始了。王克勤在总攻前就主动要求当突击队，得到团首长批准后，他和全排战友准备了好多的麻包，以便在攻击前进时，只要装上泥土，就可以随时随地当成机枪工事。

5 月 1 日 18 时整，随着总攻的信号弹腾空而起，第 6 纵队的山炮群齐鸣，山呼海啸般的炮弹，嗖嗖嗖地向汤阴城飞去。大地颤抖着，汤阴城头笼罩在一片烟火之中。

担任突击任务的第 52 团王克勤排十分兴奋，

当他们看到城墙被炸开一个大豁口时，便不待炮火准备完毕即发起了冲击。结果，国民党军城墙两侧的火力一齐射来，5 名战士相继倒下了，跟随王克勤排行动的副连长也中弹牺牲。

第 6 纵队的炮火忽近忽远，虚实不定，炸得孙殿英守军死伤无数，惶恐不安，纷纷躲在工事里不敢探头。趁这机会，王克勤带领突击队和跟在后面的部队一跃而起，迅速登上城墙，占领了 20 米宽的突破口。

守城督将刘月亭副司令见状，慌忙调来预备队疯狂反扑，双手乱舞，大声狂呼："守住 1 小时，每人赏大洋 500 块！"

孙殿英的士兵在刘月亭督战下，向王克勤排和冲上城墙的部队扑来。

王克勤指挥战士用机枪和手榴弹回击。双方谁也不愿后退。豁口还在王克勤所在连手上。这时，第 52 团 1 营、2 营迅速冲入城中，与敌展开巷战。战至 5 月 2 日下午 2 时许，汤阴城内轰的一声巨响。不偏不倚，"东陵大盗"孙殿英的地下指挥部被炸出了一个大窟窿。

孙殿英抬头一看，自己的指挥部被开了“天窗”。这时，他才明白大势已去。“三十六计走为上”。不愿与汤阴共存亡的孙殿英，带上几个亲信和副司令刘月亭一起，钻地道逃跑了。孙殿英逃到汤阴老城区外一个叫“石家庄”的村子里时被活捉。

千里跃进大别山

汤阴解放之后，豫北安阳的敌人恐慌异常，王仲廉将新乡的整编第 40 师 1 个团空运至安阳加强守备。结果在 5 月 24 日，就被解放军吃掉了。

这时，国民党军只在陕北、山东两个战场还保持着战略进攻态势，但势头已极大削弱，且进退两难。在这两个战场中间地区的鲁西南、豫皖苏、豫西至大别山，兵力空虚，形成两头粗、中间细的哑铃形状战略态势。用形象一点的话来讲，就是“山东按住敌人的头，陕北按住敌人的腿，如果此时晋冀鲁豫野战军拦腰给他一刀，叫老蒋爬不起来”。

这么明显的战略态势，毛泽东等中共中央领导人，一眼就看穿了。中央军委致电刘伯承和邓小平，命令晋冀鲁豫野战军挺进中原千里跃进大别山。

6 月 10 日，刘伯承和邓小平在安阳石林召开各纵队领导人会议，以“临晋设疑，夏阳渡河”之谋，确定第 6 纵队和第 1、第 2 纵队作为先头部队，第 3 纵队为第二梯队跟进，其余主力暂时不动，留在平汉线、道清线和豫东展开攻势，威胁开封和郑州，转移蒋介石的视线，为真正实施千里跃进大别山麻痹敌人。

6 月 25 日，王克勤所在的第 6 纵队从汤阴鹤壁出发，向南开进。南进行动的最终目的是挺进中原。为保密起见，这个行动只有纵队以上干部知道，连肖永银、李震等旅长、政治委员这一级干部都还不知道。

王克勤率全排随全团从鹤壁到濮县，一路上还是像在解放区一样，在沿途乡亲们夹道欢迎和挥泪相送时，部队指战员唱起了响亮的歌声：

同志们，我来问问你，
吃的饭穿的衣，哪里来的？
吃的穿的全靠老百姓，
老百姓待咱胜过亲兄弟。
咱离开了老百姓，
就是离水的鱼。
鱼儿离水活不成，
咱离开老百姓怎能打胜仗？
老百姓爱护咱如同爱儿郎，
咱爱护老百姓如同爱爹娘。
……

这边的歌声刚落，那边的歌声又起。歌声、欢笑声接连不断。

6月29日，王克勤所在部队到达濮县。战士们精神十足，休息时，王克勤指挥排里战士拉歌。拉歌是部队的传统，是鼓舞士气的好方法。王克勤问：“我们唱了谁来唱？”

全排战士回答：“2排！”

王克勤又问：“2排不唱行不行？”

全排战士回答：“不行，不行，不行！2排，快快快！”

2排战士就唱了一首《打骑兵》之后，向王克勤挑战：“我们唱完，谁来唱？”

2排战士回答：“1排！1排不唱就是癞皮狗！”

王克勤就起调领唱《互助歌》：

我们在家靠父母，
出来革命靠互助，
单人独马不经打，
互助起来力量大。
为了打胜仗，为了打胜仗，
我们要互助。
……

部队离开濮县，前面就是解放区和敌占区的缓冲区。王克勤按照上级指示，队伍不再喧闹，在肃静中行军。天上不时有侦察机飞过，地下随处都有敌人的情报人员，部队一般是夜间行军白天休息。进了村庄，王克勤就要求全排战士尽量不打扰百姓，帮忙打扫院子、挑满水缸里的水，这已成为一种自觉的行为。为避免行军走弯路，一般要请可靠的老乡当向导。找向导，对王克勤来说是最熟悉不过的事了。他与百姓熟悉得快，因此，每次都能找到可靠的人选。

连续的夜间行军，白天又睡不着，渐渐地有人支撑不住了，有的战士跟着队伍走着走着睡着了，一不小心就摔个大跟头。王克勤就找来一根长绳子，让战士们把手腕拴在绳子上，实在困了，由绳子牵着睡一会。这时，结对子发挥了很大的作用，两人一组，互相照顾，互相提醒，有时两人轮着打会儿盹。

部队就要过黄河了，有些北方兵心里开始恐惧起来。北方兵大都抱有这样一种心理："宁愿往北开一千，不愿往南挪一砖。"恰在这时，连队里跑了一个兵。王克勤知道后，建议连长、指导员开会，强调纪律和讲清南征的意义，防止再有战士开小差的情况发生。他回到排里后，立即召开全排大会。王克勤说：“我们连里有个别人因为怕过黄河到南方去而开了小差，这是什么行为呢？这是可耻的行为。跑回去又怎么向家中父母交代？怎么面对乡亲？这不仅是给连队抹黑，也是给自己抹黑呀！我们参加解放军，目的是打败蒋介石反动派，今后的任务是解放全中国，如果连黄河都不愿过，又怎么去解放全中国呢？所以，大家要知道我们的责任，要清楚这次行动的目的，要坚定我们胜利的信心。大家有没有信心？”全排齐声回答：“有！”在王克勤率领下，全排没有出现一名战士开小差。

黄河是一道难以飞渡的天堑。举目望去，滔滔波浪，飞腾冲撞，波波相挤，浪浪相拥，重重叠叠聚成一眼眼巨大旋涡，疯牛一般地冲击着堤岸，那些没有撞散的波峰又退下来，和着接踵而至的浪涛再一次拍岸而来，瀑布似的奔泻下来，宛如千堆雪花万朵雪浪。巨大的轰响久久回荡着，如春雷阵阵，震荡着沿河两岸。全体指战员一听到黄河的涛声，浑身热血沸腾，都盼着早日飞渡过去。

根据渡河作战命令，第 6 纵队编为右路，在濮县以南的李家桥、于庄、大张村渡河，渡河成功后，迅速割歼鄄城及其以北地区的敌人。王克勤所在的第 18 旅从大张村渡河。旅长肖永银受领任务后，回到渡河指挥所，一动不动地盯着眼前这条滚滚东去的大河，感到身上责任重大。

王克勤早已到老百姓那里动员来了两只船和几名船工。消息报告到肖永银那里，他一拍大腿，下令："动员一切可能的力量，在自己造船的基础上，向老百姓借船。"

这一带原本就是水泊梁山好汉的家乡，很多人都有"路见不平一声吼，该出手时就出手"的英雄气概，老百姓一听说解放军要去打反动派军队，有船的出船，有力的出力，第 18 旅很快就征集到了 120 只大木船和 300 名水手。

1947 年 6 月 30 日 22 时，中国革命战争的一个重大转变，具有重大意义的战略进攻序幕揭开了。王克勤所在的晋冀鲁豫野战军突破黄河防线。然而，此时的蒋介石还在梦乡里浑然不觉。7 月 1 日的国民党《中央日报》头版通栏大标题竟然是："豫北军民一致合作，粉碎共军狂妄迷梦——刘伯承部已溃不成军。”

正是国民党军的大意，刘邓大军很快突破国民党军的黄河防线，进入了敌占区，拉开了人民解放军由战略防御转入战略进攻的序幕。

血染定陶城头

刘邓大军突破黄河，顿时让蒋介石心头发怵，急忙从豫北、豫皖苏抽调整编第 32、第 66、第 58、第 70 师和第 63 师 153 旅，共 4 个整编师和 1 个旅堵塞南线战场，分两路进击菏泽和巨野，死守定陶和郓城。蒋介石的意图很明显，以一部兵力死守定陶和郓城，吸引刘邓大军屯兵城下，造成东西两路钳击刘邓大军于陇海路、黄河、运河三角地带的态势，迫使刘邓大军背水作战，或者退回黄河北岸。

这样一来，刘邓大军必须拿下定陶和郓城，才能开启千里跃进大别山之路。

驻守定陶城内的是国民党军第153旅。这个旅刚刚从江西调来不久，部队编制不整，全旅才3500余人。如今，刘邓大军以雷霆万钧之势挥师南下，挺进鲁西南，兵锋直指守定陶的国民党军第153旅。

战前，刘伯承分析认为，“蒋介石之所以如此调兵遣将，无非是想坚守郓城，吸我屯兵于城下，然后以其右路主力伏击我侧背，迫我背水作战，把我军歼灭于黄河、运河三角地带，或重新逼过黄河。”

邓小平说“我们就将计就计”，采取“攻其一点，吸其来援，啃其一边，各个击破”的战法，发起此次鲁西南战役。

于是，刘伯承和邓小平命令：第1纵队坚决围攻郓城，第6纵队攻取定陶，第2纵队攻曹县，又以一部向南插到冉固集、汶上集地区，伏击敌人侧背。

7月4日，第6纵队接到进攻定陶的命令。司令员王近山因伤还在野战医院，指挥作战的事仍旧由政治委员杜义德负责。杜义德把进攻定陶的任务分配给了第 16 旅和第 18 旅。当晚，王克勤率全排跟随第 18 旅从菏泽北部出发，5 日拂晓前与第 16 旅突然包围了定陶城。

是夜，第 52 团攻占西关，控制了城西堤。第 53 团占领了城北堤。至此，将国民党军第 153 旅全部被压缩到了定陶城内，完成了第一步作战计划。接着，第 16 旅和第 18 旅商定，用 5 天时间准备，7 月 10 日发起总攻。

第18旅的攻城计划是：以第52团（欠3营）、第 53 团为攻城第一梯队，由北门实施主攻；第 52 团 3 营向西门佯攻；第 54 团配置在东文庙地域，为第二梯队。

任务部署后，各部队抓紧进行战前动员，部队纷纷写决心书、挑战书、火线入党申请书，表示坚决打好战略进攻的第一仗。

王克勤所在的第 52 团 1 营在离城 5 里的一个村庄做攻城准备工作。团部确定 1 营 1 连担任攻城突击连，1 连 3 个排都争着要担任突击排。王克勤每天都忙得马不停蹄。他分别召集老战士、新战士、党员开会，做动员工作，帮助各班编好战斗互助小组。王克勤问大家："我们过黄河的第一仗，咱们纵队参加大反攻的第一炮，同志们有信心打好吗？"

战士们都回答："有信心！"

王克勤说："好！大家的信心就是我的信心，我就敢向上级要任务了。"

事不凑巧，这时王克勤得了感冒，但他瞒着自己的病情，去争取担任突击排的任务。当时，连长和指导员正在研究攻城方案，议论由谁担任突击排的事，听到门外传来熟悉的脚步声，两人会心地笑了。

随着一声"报告"，王克勤闯进了临时连部。连长笑着说："一听就知道是你，是来要突击任务的吧？"

"不，我是来要最艰巨任务的！请连首长把最难的任务交给我们吧，我是代表 1 排全体战士来请命的。"王克勤说得十分诚恳。

指导员笑着说："那还不是一样嘛。"

指导员知道王克勤得了感冒，拍了拍王克勤的肩膀说："1 排长，你们这种积极求战的精神很好。我们每个共产党员都应当争重担子挑。可是，突击任务非同儿戏。同志们虽然决心很大，可排长生病没法指挥呀！你别以为能瞒得了我们，你现在是病号！”

王克勤自知已无法隐瞒，便说：“我这么个大男人，头疼脑热的算个啥？反正这反攻战役第一仗的突击任务得交给我。”

连长看王克勤软磨硬泡的不走，研究工作无法进行，便说：“1 排长，请你回去告诉大家，仗有你们打的，至于谁当突击队，营首长有指示，哪个排准备好就定哪个排。”

王克勤一听，高兴地喊了一声“是”，一溜烟儿跑回排里，开始让战士们积极准备。接着，王克勤跑去找营长和教导员。

打这一仗，王克勤很有信心，旅长和政委也很有信心。旅长肖永银跟政委李震开玩笑似的说：“看来，我们真有福气呀！年年啃‘桃’(陶)。”

李震说：“是呀，去年 8 月定陶战役，在大杨湖‘啃’掉了国民党军精锐赵锡田整编第 3 师主力 20 旅。这次‘啃’的是第 153 旅，是刚从江西调来的。”

肖永银说：“现在部队参战热情高啊，大家都纷纷要求担任突击队。第 52 团确定 1 连担任攻城突击连，3 个排都争着要担任突击排。1 排长王克勤正在发高烧，已有两天没吃饭，党支部决定让他留守。他多次跑到营部请战，直到营里同意他参加战斗，并将突击任务交给了他们排才肯罢休。部队有这样的劲头，我这个旅长就很有信心一举拿下定陶城！”

王克勤争取到突击排的任务后，天天忙着讨论攻城打法，找战士个别谈话，检查武器装备。由于高温季节急行军加上受到雨淋，王克勤得了重感冒，人也累瘦了，饭吃得很少，战友问他哪儿不舒服，他只说：“头有点儿痛，没事儿！不碍事，大概是路上中了点暑热。”

为了打好这一仗，旅团指挥员多次组织察看地形，发扬军事民主，研究战法，拟制了协同作战计划。第 18 旅的指挥所也前移到城北土堤后面。

7 月 8 日，定陶城守敌约两个营兵力，在火力掩护下，一路向西关的第 52 团 3 营发起攻击，一路向城北堤的第 53 团发起攻击，企图驱逐解放军远离城下。两个团立即组织反击，夺回了敌人曾一度占领的地段，敌人退回城内。

7 月 10 日是预定攻打定陶的日子。王克勤已经好几天没有像样地吃一顿饭了，他患了重感冒，身上还发着烧，嘴唇都干裂了，但他那一双眼睛还是很有精神。几个班长和全排战士都劝他留在后面："排长，你就放心吧，我们保证完成任务，保证不叫咱排丢脸！"

王克勤满意地扫了大家一眼，笑着说："劲头足啊！这一仗准会打好，我不能不去。尽管我不能打，还可以指挥大家，帮你们选择冲锋道路，看冲击信号，我的经验毕竟多一些啊！有点小病，一听到枪声就会好的。"

大家见劝不了王克勤，只好随他去了。

晚上 6 点多钟，王克勤率全排出发了。他们每人手上提着满满一筐手榴弹，沿着交通沟运动到定陶城北关外 50 米的地方，在预先挖好的堑壕里隐伏起来。

晚 7 时，总攻定陶开始。在西门和南门外担任佯攻的第52团3营和友邻部队首先行动，给敌人造成错觉，吸引走了大量敌人。

接着，第18旅所有炮兵突然开火，炮弹飞向北门城楼。王克勤连忙喊大家张开嘴。这是王克勤很早就教过大家的，听到打炮要张开嘴，心里才不闷得慌，耳朵才不会被震聋。

城墙顿时被烟尘和火光吞没。在硝烟弥漫中，第52团1营1连突击排爆破组在团工兵班的配合下，立即对鹿寨等障碍物实施连续爆破。炮火延伸后，爆破组在营重机枪的掩护下，迅速接近城壕，用炸药包将城壕炸成斜坡。这时，突击组迅速勇猛地将越壕跳板架设在残壕斜坡上，还将云梯送到城垣下。

炮兵又接连打了几发炮弹，都打在城门上方，其中一发炮弹不偏不倚轰的一下把城门楼子打塌了。炮火又开始延伸了，王克勤把新兵余三虎的手榴弹筐子夺过去，说："拿来，我帮你提着！"

余三虎着急地说："排长，你千万不能冲啊！要爬那样高的城墙，你身体还病着！"

王克勤头也不回地说了声："我知道！"眼睛

直盯着天空，他是在等待冲击的信号……

突然，一颗红色信号弹划破天空，王克勤大喊一声“冲啊！”，随即率先跃出堑壕，余三虎等全排战士紧跟在王克勤身后，冲到了城墙的缺口下面。

此时，天色完全黑下来了，只能看见模糊的人影。子弹在嗖嗖地叫着，前后的重机枪像潮水一样倾泼子弹，城墙上还有一些残存的火力点喷吐着火舌。

王克勤指挥全排靠近城墙边敌人的射击死角，命令机枪消灭敌人火力点，顺手将手榴弹向城上投去，顿时，一个火力点被打哑了。王克勤见登城时机已成熟，便大喊了一声：“架云梯！”

3班副班长陈群和两个战士把云梯竖了起来。王克勤冒着城头不断塌下来的砖石，第一个爬上云梯，大声喊道：“跟我上！”

话音未落，王克勤刚踏上梯子，突然一发枪榴弹落在了云梯旁，随着爆炸声起，王克勤从云梯上倒了下来。

老战士张老四见状，连忙回身去看王克勤，

他用手摸到王克勤的左肋下，感到有一股热血在往外涌。

王克勤用力地喊道：“不用管我，快冲……冲上去！”

张老四心像刀扎一样难过，叫来战士陈群：“快给排长包扎！包扎好，把排长背下去。”

陈群急忙拿出随身携带的急救包，替王克勤包扎。王克勤推开陈群，又喊道：“不用管我，快冲上去！”

身负重伤的王克勤坐在地上，手捂伤口，仍顽强地指挥着战斗：“各班搭人梯，机枪掩护，扩大突破口。不管哪个，谁上得快谁先登城！班长、组长照顾好，赶快上，不用管我！冲啊！”

张老四知道王克勤伤势很重了，高喊着：“为排长报仇！冲啊！”

这时，3 班上来了。王克勤还在喊：“机枪掩护好，扩大突破口！”

3 班长崇世礼和他班里 3 位互助组长黄大顺、曹文龙、赵分明等相继登上了城头，他们用步枪和手榴弹打散了城楼上的敌人。

按预先作战计划，王克勤突击排登上城头后，要发“登城成功”信号，可信号枪还在城下王克勤排长那里，怎么办呢？正当张老四发愁时，突然，两发白色信号弹由城墙下面升了起来，在城头上空闪耀着刺眼的光芒，后面的冲锋号像怒涛般地汹涌而起……

原来，王克勤说什么也不让陈群把自己背走，他在陈群的怀里，强支撑着身子在城下指挥战斗。王克勤向冲上来的 1 班长说：“机枪掩护好，扩大突破口！”又向 2 班长说：“右边敌人有机枪，把它干掉！”回头又对陈群说：“小陈，你也别守着我，上面缺人，快冲！”这时，他发现突击排已经成功夺取城头，便忍着疼痛，抽出信号枪，向大部队发出了“登城成功”的信号弹。

信号弹一发完，王克勤挣扎着想站起来，可努力了几次，还是没有站起来。战衣已被鲜血染红，也染红了他身下的泥土。他太虚弱了，他感到一阵眩晕，昏迷了过去。

陈群背着王克勤下了火线，把他送往救护所。

噩耗传来，全军同悲

王克勤在被送往救护所的路上，由于失血过多，时而昏迷时而清醒。当他醒来时，听到前面还有枪炮声，猛然问陈群："定陶还没打下来吗？"

陈群安慰他说："放心吧，一定能打下来！"

王克勤在担架上吃力地喘息着，紧咬着牙，不让自己哼出声来。停了停，他又缓缓地对陈群说："帮我写信告诉毛主席，告诉他老人家，说我感谢他的教育，党教我成了人，我为党做的事，实在太少了……等我伤好后，我要更加努力地干……"

过了一会儿，王克勤像是想起了什么，又对陈群说："我床头上有个包袱，把包袱里的东西拿出来分给大家，战斗下来是会缺东西的……"话没说完就又昏迷过去了。

定陶战斗一结束，1 连连长急匆匆找到陈群，询问王克勤的伤势情况。

陈群紧皱着眉头，眼中布满了血丝，低沉地说道："排长负伤以后，不让我背，他坐在地上指挥大家攻城墙，直到他看到全排都攻上去了，发完信号弹，就昏迷过去了……"

"他现在在哪儿？"连长急切地追问道。

"排长没等送到医院就牺牲了！他在路上迷迷糊糊地说过两句'石头，石头'后，就再也没有醒来。"陈群说完，号啕大哭起来。连长听了，两眼发直，好半天说不出话。

王克勤牺牲的消息，很快报告到旅长肖永银那里，又很快报告到晋冀鲁豫野战军司令员刘伯承那里。

刘伯承司令员难过地说："蒋介石一个旅也换不来我一个王克勤！"随即，刘伯承以他和政治委员邓小平的名义，亲笔撰写唁电，称赞王克勤是"战斗与训练，技术与勇敢结合的，为我全军所学习的新的进步的范例"。

晋冀鲁豫《人民日报》第一时间向全军发布了英雄王克勤在定陶牺牲的消息，题目是《著名杀敌英雄人民功臣王克勤光荣殉国》。消息中说：

“刘伯承将军所部著名杀敌英雄王克勤不幸于本月10日歼灭定陶蒋军63师153旅之战斗中英勇牺牲，战斗前王克勤因中暑热卧病，6日始稍进饮食，上级及全排同志都劝他暂在后面休息，王克勤坚决要在大反攻中为人民立功。他在全连动员大会上提出：保证完成突击任务，遵守纪律，全排听指挥；争着要求做突击排。10日黄昏攻击战斗开始，在我强大炮火掩护下，王克勤在北门主攻方向，率领全排冲锋，他第一个冲过蒋军鹿寨，跳过外壕，正在要爬上城楼时，被敌人机枪击伤。王克勤负伤后，仍镇静地对战士说：‘各班机枪掩护好，互助组长照顾好，赶快冲上去，不要管我。’在‘为排长报仇’的口号下，黄大顺、曹文龙、赵分明3个互助组长及3班的崇世礼，带领突击队员向敌猛冲，突破前沿，首先登城，打退敌4次反扑，后续部队源源涌入，至12时城内敌人全部被我歼灭，正当战斗胜利结束时，王克勤因伤重流血过多，救治不及，在前方医院光荣牺牲……”

定陶战斗结束的第二天，第 18 旅党委召开会议，作出了“进一步开展王克勤运动”的决定，同时决定召开追悼会悼念王克勤。

部队打扫完战场，全旅及定陶各界群众，便在定陶北门召开了隆重的追悼大会。大会由旅长肖永银主持，第 6 纵队副政治委员鲍先志亲临追悼大会致悼词。

追悼大会上，第 18 旅政治委员李震宣读了晋冀鲁豫野战军刘伯承司令员和邓小平政委亲自起草的唁电：“我们以极悲痛的心情悼念本军著名英雄王克勤同志，悼念我们一切为人民事业而牺牲的烈士们。王克勤同志一年来建立了很多战功，树立起战斗与训练、技术与勇敢结合的为我全军所学习的新的进步的范例。我们对于他这种为人民立功不顾一切奋勇杀敌的牺牲精神和高尚品质，表示无限的崇敬。为了永远纪念王克勤同志，决定王克勤所在的排永远保持‘王克勤排’的光荣称号。号召全军学习王克勤同志，并为继续开展王克勤运动而奋斗，一直到歼灭全部进犯军。王克勤同志及一切烈士们永垂不朽！”

李震宣读完唁电后，接着宣读晋冀鲁豫边区政府的唁电:“闻悉王克勤同志在定陶战斗中英勇牺牲，不胜痛悼！王克勤同志从蒋军统治下解放过来，迅速觉悟为人民解放事业而奋斗，并接受人民军队光荣传统，关心战士生活，善于团结群众，善于带领新战士作战，做到勇敢与技术结合，战斗与训练结合，为中国人民的解放事业创造了新的光荣范例。王克勤同志是人民的功臣，是英勇善战的杀敌英雄。他的牺牲，实是人民莫大的损失，是自卫战争中的损失，特此吊唁。”

第 6 纵队副政治委员鲍先志在追悼大会上致悼词:“优秀的共产党员、著名的杀敌英雄王克勤同志，在执行大反攻光荣历史任务的定陶战役中，光荣地为人民而牺牲了，这是我党我军重大损失，使我们无限悲痛。

“王克勤同志从蒋贼奴役下解放出来以后，在党的培养教育下，有高度的阶段觉悟，全心全意为人民事业而奋斗，为革命军队中优秀战士，他在人民军队中的贡献是不朽的。

“王克勤同志把阶级友爱真正在行动中实践

了。在革命互助中，是克己奉公体贴同志的。尤其他的思想互助，使自己周围的同志进步，在大批‘解放战士’不断涌现到人民军队来的现在和将来，发扬他这种忠耿、耐心、负责的作风是必要的。

“王克勤同志从担任排长的几个月来，由于平日工作细致耐心，熟悉自己部队情况，行政管理与说服教育结合得好，使部队巩固得牢牢的，团结得像一个和睦的家庭一样。因此，他的排在每个行动关节都能取得胜利。不仅如此，他还善于改造落后者。很多落后的人，到他排不久，就变成积极分子，这是他对自己阶级负责的高度精神。

“王克勤同志不仅自己英勇善战，更会谆谆诱导自己的战士学会和熟习作战技术，正因为勇敢与技术结合得好，消除了新同志恐怖打败仗的心理，而以小的代价取得战争的胜利。这种消灭敌人保存自己的战术思想，是我们人民军队的精神财富，要把王克勤同志的精神发挥到带兵、练兵、战斗中去，这是每一个革命战士和指挥员都应该虚心学习的。

“王克勤对于党的工作是重视的。一切都依托着党的组织力量。他时刻教导自己周围的党员积极为党负责，把非党群众团结在党的周围，使党的力量在部队中发挥起来，保证每一个任务的完成。

“王克勤同志重视群众工作。他善于联系群众，帮助群众，时时刻刻都没忘记自己是人民的子弟，尤其他处在紧急的情况下，不顾一切去解救群众，使我军的政治影响扩大，使军民团结像一家人。

“王克勤同志兢兢业业创造了很多工作的宝贵经验，成为人民军队一面鲜明的旗帜，这是我党苦心教养的成就和王克勤同志虚心学习、无限忠诚于自己阶级的结果，也是我们无上的光荣。

“王克勤为自己的阶级流尽了最后一滴血。我们虽然万分惋惜和悲痛，可是我们看着‘王克勤运动’已在我军普遍展开，我们越战越强，大反攻正在顺利地进展。因此，我们悼念王克勤同志，不但要把悲痛变为仇恨、变为力量，更重要的是在大反攻中，继续开展‘王克勤运动’，深入各连排班去，成为群众运动，培养更多更出色的杀敌英雄和模范班；继续把王克勤的工作经验，更广泛地发挥起来，争取大反攻的更大胜利，这是革命给予我们的光荣历史任务。王克勤同志永垂不朽！”

最后，李震在追悼会上号召部队向王克勤学习，同时提出要用王克勤精神，在即将打响的战斗中，再立新功。

追悼会之后，部队将王克勤烈士的遗体安葬在定陶北门的辘湾村烈士墓地。随葬的有烈士遗物，还有印章、手枪、模范共产党员铜质证章等。

06 尾　声

王克勤牺牲后，宣传和学习王克勤的运动，在全军更加蓬勃地开展起来了。

1947 年 7 月 18 日，晋冀鲁豫野战军授予第 6 纵队 18 旅 52 团 1 营 1 连 1 排“王克勤排”荣誉称号，授予第 6 纵队 18 旅 52 团 1 营 1 连 1 排机枪班“王克勤班”荣誉称号。这不仅是对著名杀敌英雄、人民功臣王克勤的表彰，更是王克勤排的无上光荣。自此，“王克勤排”“王克勤班”在王克勤的英名和精神鼓舞下，从华北打到江南，从东南打到西南，成了指战员们前进的一面光荣旗帜。

1948 年，攻占襄阳城战斗中，“王克勤排”再现了王克勤的精神风采。“王克勤排”奔袭襄阳西关，准备向纵深发展。总攻开始后，他们立即抬上梯子，做登城准备。在等待攻城命令时，他们决心自己开辟登城道路，最终一举登城成功，夺取敌人碉堡，俘虏 50 多名敌人。这时，有两个营的敌人向他们反扑，被他们统统打退。

1949 年，渡江战役中，“王克勤排”作为渡江突击队冲锋在前，其 1 班所在船只，冒着敌人的枪林弹雨，飞速向对岸靠近，并率先靠岸登陆，配合另外两只船同时靠岸登陆，为后面大部队顺利登陆杀出一条血路。

人民功臣王克勤虽然没能目睹新中国的成立，但人民没有忘记他，军队没有忘记他，他曾经服役的部队没有忘记他，他的老旅长没有忘记他。

1968 年，定陶县政府修建烈士陵园，决定搬迁和重建王克勤烈士墓。

1969 年，王克勤烈士遗骸从辘湾村运到重建的烈士陵园，安葬在王克勤烈士墓内。

在中国人民革命军事博物馆、烈士家乡阜阳市烈士纪念馆、定陶县烈士陵园、邯郸市晋冀鲁豫烈士陵园，都辟有王克勤烈士事迹陈列室，供后人学习、瞻仰、缅怀。

王克勤生前所在连队，一直坚持每天晚点名，首先叫响的名字是王克勤。他们说，王克勤永远在连队的行列里。连队始终重视开展尊干爱兵活动，全面建设，连创佳绩。

1977 年，王克勤生前所在连，荣立集体二等功。

1982 年，王克勤生前所在连，被南京军区授予“尊干爱兵模范连”荣誉称号。

1990 年，王克勤生前所在连，被中央军委授予“尊干爱兵模范连”荣誉称号。

和平年代，尽管战争已远离人民，但军队保家卫国，保卫这牺牲了无数先烈才换来的胜利果实，还需要做好战争准备。如今的“王克勤班”“王克勤排”在新的历史条件下，已经赋予了王克勤精神以新的内涵，但王克勤遗留下来的优良传统，新一代官兵依然继承着，官兵团结，军民团结，艰苦奋斗，顽强勇敢，体现着新时代军人的最强音。

1997 年，湖北电视台拍摄专题片《伟大的转折》，肖永银应邀前往，重新踏上了曾经战斗过的鲁西南土地。老旅长肖永银仍然惦记着王克勤，仍要了却一个心愿：“到定陶去，看看王克勤。”

这一天，风和日丽，定陶县烈士陵园一片苍松翠柏，已经是皓首银发的肖永银缓步向王克勤烈士墓走去，士兵抬着一个高大的花圈，轻轻放在王克勤的墓前。肖永银三鞠躬，轻声地对躺在长方形墓冢里的第 18 旅 52 团 1 营 1 连 1 排排长王克勤说：“旅长来了，今天专门来看你。你是一个好战士，对我们党我们军队，你作了伟大贡献，你是光荣的，也是不死的！”

2009 年，为庆祝中华人民共和国成立 60 周年，中宣部等 11 个部门联合组织开展评选“100 位为新中国成立作出突出贡献的英雄模范人物和 100 位新中国成立以来感动中国人物”活动，王克勤入选“100 位为新中国成立作出突出贡献的英雄模范人物”。

2019 年 10 月 1 日，在庆祝中华人民共和国成立 70 周年大会上，北京天安门广场首次出现的由全军荣誉功勋部队代表组成的 100 面战旗方队浩荡而来。“王克勤排”等 100 面荣誉军旗接受党和人民的检阅，把人们的视野拉到在中国共产党领导下，中国人民解放军为中华人民共和国建立而浴血奋战的英雄们身上。王克勤的光辉形象闪闪发光！

后　记

一个时代有一个时代的使命，一代人有一代人的担当。时代在关键时刻出现的关键人物，像一把金钥匙，为的就是解决世纪难题。王克勤就是这样的人物！王克勤和他的“三大互助”，解决了解放战争初期俘虏兵多和新兵多所带来的如何领兵打仗的问题。王克勤和他的“三大互助”，如同改革开放初期，安徽凤阳小岗村18位村民和他们的“红手印”，开启分田到户承包责任制一样，引领一个时代的前进方向。

我向来秉持一个观点：从事党史军史研究工作，不管是撰写纪实作品，还是编纂史料文献，都要铭记和感谢当事人。因为所有历史，都是当事人亲力亲为的。没有当事人，就没有史实可言。这是其一。其二，撰写和编纂都离不开前人留下的文字，即前人的劳动成果，他们是历史的第一见证人。有了他们的劳动成果，才有后人的续写、研读和编纂。

本书在编写过程中，得到军事科学院军队政治工作研究院领导和机关的大力支持。成稿之后，康月田、李博、岳思平、褚银等多位专家学者进行了审读。

主要参考的书籍和资料有：《中国人民解放军陆军第12军军史》（内部版）、《中国共产党中国人民解放军陆军第12军团以上单位组织史资料》（内部版）、《解放战争中的6纵18旅》（内部版）、《王克勤》（邢志强主编／安徽省阜阳革命烈士馆）、《王克勤运动》（周海主编、韩振武副主编／海风出版社）、《新四军组织发展实录》（魏蒲主编、韩振武副主编／江苏人民出版社）、100位为新中国成立作出突出贡献的英雄模范人物《王克勤》（马秀琴编著／吉林出版集体、吉林文史出版社）、《王克勤带兵》（袁继仁编著／江苏人民出版社）、《利剑出鞘》（叶青松著／解放军文艺出版社）、《王近山中将》（谌虹颖著／解放军文艺出版社）、《杜义德》

（郭伟成著 / 解放军文艺出版社）、《解放战争时期过渡阶段军事斗争》（解放军出版社）、《南京（华东）军区党组织史资料野战部队（第二卷）》（内部版）、《南京军区英模事迹荟萃永恒的精神之树》（史振洪、晁玉奎主编 / 解放军出版社）、《二野劲旅（12 军史话）》（程多宝、裴志海著 / 军事科学出版社）。

在此，谨向关心和帮助此书编写的各位领导、各位专家学者，以及上述书刊和资料的作者、编辑致以最诚挚的谢意！

图书在版编目（CIP）数据

王克勤 / 军事科学院解放军党史军史研究中心编. 北京：学习出版社，2025.6. -- （中华先烈人物故事汇）. -- ISBN 978-7-5147-1365-7

Ⅰ. K825.2

中国国家版本馆CIP数据核字第2025FR9770号

王克勤

WANG KEQIN

军事科学院解放军党史军史研究中心

责任编辑：徐　阳　　封面绘画：刘书移
技术编辑：贾　茹　　内文插图：韩新维
美术编辑：杨　洪　　装帧设计：壹读闻话

出版发行：学习出版社
北京市东城区崇外大街11号新成文化大厦B座11层（100062）
010-66063020　010-66061634　010-66061646
网　　址：http://www.xuexiph.cn
经　　销：新华书店
印　　刷：北京联兴盛业印刷股份有限公司

开　　本：787毫米×1092毫米　1/32
印　　张：5.5
字　　数：71千字
版次印次：2025年6月第1版　2025年6月第1次印刷

书　　号：ISBN 978-7-5147-1365-7
定　　价：24.00元